성공 그리고 성공자

세상에서 가장 성공한 사람들의 비밀

성공 그리고 성공자

장성철 지음

모아북스
MOABOOKS

"나중에 반드시 성공하게 되리라고 아무도 알려주지 않았을 때,
성공한 사람들은 어떻게 역경을 극복하고 원하는 길을 갈 수 있었을까?"

성공한 삶을 바라는 우리 모두는 살면서 한 번쯤 이런 의문을 가져봤을 것입니다.
이 책을 펼치는 순간, 당신은 성공에 대한 두 가지의 토대를
당신의 마음속에 자연스레 구축할 수 있게 될 것입니다.

첫 번째 '성공이란 무엇인가'에 대한 이야기입니다.

이 책에서 이야기하는 성공에 대한 개념에는
역사적으로 존경받거나 자기 분야에서 성공한 수많은 사람들을
정교하게 분석한 변치 않는 공통점들이 세세히 담겨 있습니다.
과연 어떤 것들을 진정한 의미의 성공이라 부를 수 있는가에 대해
쉽게 이해하고 흡수할 수 있게 될 것입니다.

두 번째 '성공자는 무엇을 하는가'에 대한 이야기입니다.

진정한 성공의 의미를 이해하고 파악했을 때
과연 성공한 사람들은 어떻게 행동하고, 어떻게 말하며,
어떤 식으로 정신과 신체를 셀프 컨트롤하여
궁극적으로 성공한 삶을 구축할 수 있었는지에 대해
구체적인 방법론을 체득할 수 있게 될 것입니다.

성공과 성공자의 여정을 함께 따라가고자 한다면,
온전히 마음을 비우고 마치 자유로운 여행을 떠나듯이
이 책을 한 장 한 장 넘기며 발걸음을 옮기면 될 것입니다.

"성공은
목적이 아니라 삶의 과정일 뿐이다.

삶이라는 여정을 즐기고
그 과정에서의 반복적인 성공과 실패를 통해
성장하고자 하는 태도를 갖추며
위기에 직면했을 때 포기하지 않을 수 있어야
궁극적이고 장기적인 인생의
성공과 성취를 달성할 수 있다."

오랜 기간 성공에 대한 강연을 통해 얻은 메시지를
독자들과 허심탄회하게 나누고자 합니다.
가지 않은 길에 대한 걱정을 하는 것보다
일단 발걸음을 내디뎌 앞으로 나아가는 깃이
당신의 삶을 풍요롭게 만들어줄 것입니다.
이 책을 만나는 독자들이 성공한 삶의 여정으로
함께하여 정상에서 만나길 바랍니다.

제목에 부쳐

이 책만의 리딩 포인트

1

누구나 인생의 성공을 바라며 산다. 자신의 인생이 실패하길 바라며 하루하루를 사는 사람은 아무도 없을 것이다. 비록 실수나 실패를 겪었더라도, 우리 인간은 그것을 딛고 일어서서 도약하고 나아가려는 본능을 가지고 있다.

2

그렇다면 우리가 말하는 성공이란 무엇인가? 당신은 무엇을 일컬어 성공한 삶이라 생각하는가? 부와 명예? 지위와 인정? SNS의 팔로워 숫자? 혹은 사람들과의 원만한 관계? 그리고 당신이 규정하는 성공한 삶은 행복한 삶과 동의어인가?

3

성공한 사람들에게는 어떤 공통점이 있을까? 그들이 아침에 일어나 잠들기 전까지 보내는 일상은 보통 사람들의 그것과 어떻게 다른가? 그들은 어떻게 말하고 생각하고 행동하는가? 자신의 꿈을 이루고 그 분야에서 최고가 된 사람들은 어떤 특징이 있을까?

4

이 책은 현대인들이 알아야 할 성공의 새로운 의미들을 총망라하여 정리하였다. 누구나 자신의 일상에서 실천하고 행동할 수 있는 성공 키워드를 제시했다는 점은 비슷비슷한 성공 서적들과 차별화되는 이 책만의 리딩 포인트이다.

5

이 책을 통해 강력하게 전달하고자 하는 메시지는, 성공한 사람들의 공통점과 공통된 습관들을 파악하고, 그들의 특별한 습관들을 내 것으로 만들어야 한다는 점이다. 성공은 먼 미래에 있는 것이 아니라 오늘의 작은 습관에서 출발하기 때문이다.

6

이 책을 읽으면서 당신은 성공한 이들의 삶을 오늘의 당신의 일상으로 끌어들일 수 있게 될 것이다. 무언가를 달성하고 나서야 성공이 오는 것이 아니라, 오늘을 어떻게 사느냐에 따라 성공한 삶에 곧바로 진입할 수 있음을 자연스레 체득하게 될 것이다.

1등을 따라가는 것은 이미 늦었다

당신은 오늘 하루 어떤 삶을 살았는가?
당신은 어떤 표정을 짓고, 어떤 말을 하며, 어떤 행동을 했는가?
어떤 목표를 가지고, 무엇을 향해 나아갔는가?
일상에 쫓겨 찌들고 지친 하루를 보냈는가,
아니면 열정과 생동감과 기대로 충만한 하루를 보냈는가?

전 세계인의 일상을 송두리째 뒤바꿔놓았던 코로나 팬데믹이 엔데믹 시대로 도래하면서, 인류의 삶은 그 전후로 크게 달라졌다. 짧은 시간 동안 우리는 비대면으로 접촉하는 대인관계에 놀라울 만큼 익숙해졌고, 각종 인터넷 매체와 SNS의 활성화는 경제, 문화, 교육, 산업 전반에 걸쳐 삶의 패러다임을 바꿔놓았다.

이렇게 변화한 시대상 속에서 어떻게 사는 것이 잘 사는 것이고 못 사는 것인지, 어떤 것이 성공적인 삶이고 실패한 삶인지, 나아가 무엇이 성공이고 무엇이 실패인지에 대한 개념들을 과거의 정의에서만 찾기에는 한계에 봉착하게 되었다.

더욱이 시대 변화가 몹시 빠른 우리나라의 경우, 부모 세대가 정의하는 성공과 젊은 MZ 세대가 정의하는 성공은 충돌과 격변을 맞이하고 있는 것이 현실이다.

성공이란 무엇을 말하는가?

열심히 공부해 최고의 명문대학에 진학하고, 안정적인 평생직장을 구하고, 내 집을 마련해 남부럽지 않은 삶을 사는 것?

혹은 아주 높은 사회적 지위를 획득하고 재산을 축적해 남들을 수족으로 부리고 떵떵거리는 삶을 사는 것?

아니면 내일을 위해 오늘의 행복을 완전히 포기하고 그저 피땀을 흘리며 앞만 보고 달려가는 것?

오직 이런 것들만을 잘 사는 삶 혹은 성공자의 삶이라고 말한다면, 이제는 반박하거나 부정하는 사람들이 대단히 많을 것이다.

그만큼 세상은 변화하고 있고, 오늘도 변화 중이다.

그렇다면 우리는 무엇이 성공이고 무엇이 실패인지에 대해 그 개념부터 재정립할 필요가 있다.

첫째, 성공의 의미를 어떻게 정의하고, 어떤 목표와 목적을 세우는 것이 성공자인지에 대해 규정할 필요가 있다.

둘째, '잘 살고 싶다, 성공하고 싶다' 라는 막연한 생각을 생각으로만 남겨두지 않고 행동으로 옮기기 위해서는 어떻게 말하고 행동하고 세부계획을 세우며 스스로에게 동기부여를 해야 하는지에 대해 정립할 필요가 있다.

셋째, 성공자의 삶을 위해 끝까지 포기하지 않고 실행하기 위해서는 심신을 어떻게 컨트롤해야 하는지에 대해 알아두고 실천할 필요가 있다.

이 책은 위의 세 가지 취지에서 출발하여, '성공자의 삶' 에 대한 매력적인 여정을 함께 하고자 하는 책이다.

이에 따른 이 책의 구성은 다음과 같다.

1부 '성공자의 목표력' 에서는 …

인류 역사를 망라하여 성공한 삶을 산 사람 혹은 위인, 존경받는 인물로 일컬어지는 이들에게는 어떤 공통점이 있는지를, 주로 성공의 의미와 목표, 과정과 결과에 초점을 맞춰 살펴본다.

1장 '가장 성공한 사람들의 비밀'에서는 21세기의 성공이란 경쟁에서 1등이 아니라 1등을 초월하는 독보적이고 특별하며 유일무이한 아이디어를 펼치는 존재가 될 것을 요구하고 있음을 살펴본다.

2장 '지혜롭게 성공한 사람들의 비결'에서는 성공으로 나아가는 것을 방해하는 내면의 방해물과 이를 극복하기 위한 지혜로운 관점 확장의 방법에 대해 구체적으로 다룬다.

3장 '최고의 인간관계를 맺는 비결'에서는 성공에서 절대적으로 중요한 역할을 하는 인간관계, 대인관계의 중요성을 바탕으로, 소통과 공감, 배려와 존중의 소프트 리더십을 위해 어떤 방식으로 소통해야 하는지를 알아본다.

2부 '성공하는 사람만이 갖추는 행동력'에서는 …

1부에서 다룬 성공의 다각적인 개념들과 필요충분 조건들에서 한 발 더 나아가, 진정한 의미의 성공을 머릿속 개념에서 실제 행동으로 옮기기 위해서 구체적으로 무엇을 해야 하는지에 대해 다루고 있다.

4장 '성공을 실행시키는 행동의 비밀'에서는 성공한 사람들이 어떤 근간을 바탕으로 성공 목표를 실행으로 옮길 수 있었는지에 대한 결정적인 공통점을 '가치' 의 측면에서 살펴본다.

5장 '물러섬으로써 오히려 원하는 얻는 비결'에서는 성공하는 사람들이 다른 사람들을 인적 자원으로 활용함에 있어 어떤 화법과 소통 방법을 구사하는지를 알아본다.

6장 '잠재력을 현실로 이끌어내는 비결'에서는 우리 모두에게는 각자 저마다의 빛나는 잠재력이 있음을 상기하고, 이것을 흙속에 묻어둔 채 사는 것이 아니라 흙 밖으로 꺼내 빛나게 하기 위해서는 어떤 마인드가 필요한지를 이야기한다.

7장 '끝까지 해내는 마음의 비결'에서는 성공이라는 것이 한 순간의 성과에서 마침표를 찍는 것이 아니라 평생 꾸준히 유지되기 위해 어떤 삶의 방식이 필요한지를 알아본다.

3부 '포기하지 않는 실행력'에서는…

1부와 2부를 통해 축적된 성공의 핵심 비결들을 자신의 삶 속에 스며들게 하고, 여기서 한 발 나아가 매일 건강한 몸과 단단한 마음을 영위하며 행복한 삶에 이르게 하기 위해 어떤 것들이 필요한지를 실전 개념으로 점검해본다.

8장 '일상 습관을 성공 습관으로 전환하는 비결'에서는 열정과 흥미를 잃지 않고 지속적인 성장과 발전을 위해 필요한 것이 무엇인지를 다룬다.

9장 '좌절하지 않는 이들의 비밀'에서는 성공에 대한 원대한 비전이 사그라지지 않게 하기 위한 정신력의 비결을 살펴본다.

10장 '심신의 강건함을 유지하는 비결'에서는 올바르게 마음과 육체를 다스려 번아웃 되지 않는 '마음 성공의 노하우'에 대해 알아본다.

이 책을 통해 성공을 이해하고, 성공의 가치관을 자기 안에서 새로이 정립하고, 나아가 삶 속에서 성공을 실천하고 행동하며 체화하기 위해 필요한 것들에 대해 자연스레 터득할 수 있게 될 것이다.
당신의 삶이 하루하루 행복과 성공으로 가득하기를 기원한다.

국제성공학연구소 대표 장성철

성공자의 인생을 만드는 77개의 확언

매일 아침 이 작은 확언 하나만으로도
나와 성공한 사람들이 그랬던 것처럼 분명히, 바뀐다.

1. 내 삶의 전성기는 이제부터 시작될 것이다.

2. 내 모든 경험들은 배움의 장이 된다.

3. 나에게도 성공을 이룰 권리가 있다.

4. 지금의 실패는 앞날의 성공을 위한 초석이 될 것이다.

5. 나는 성공을 끌어당길 것이고, 성공은 나를 끌어당길 것이다.

6. 나는 나를 믿고 신뢰한다.

7. 나는 내가 선택한 것을 끝까지 책임지는 멋있는 사람이다.

8. 내 삶은 이미 멋지고 앞으로 더 멋져질 것이다.

9. 나는 사람들이 인터뷰하고 싶어 하는 삶을 산다.

10. 나는 나만의 능력과 아이디어로 부와 성공을 일궈나갈 것이다.

11. 나의 실패는 실패가 아니라 성공으로 이동하는 징검다리이다.

12. 나는 내 삶을 이끌고 주도한다.

13. 내 삶의 성공의 열쇠는 이미 내 손 안에 있다.

14. 나는 더 강해지고 성장할 것이다.

15. 나는 있는 그대로도 매력을 가진 사람이다.

16. 나를 가로막는 한계는 한때의 작은 문턱일 뿐이다.

17. 내 삶의 모든 순간들은 미래의 성공 스토리가 될 것이다.

18. 나는 나만의 아이디어를 창출할 수 있다.

19. 나는 다른 그 누구와도 같지 않은 유일한 존재이다.

20. 나에게는 기회를 찾을 수 있는 능력이 있다.

21. 나는 내가 꿈꾸는 삶을 살 수 있다.

22. 나는 나와 다른 사람들을 받아들이고 새로운 것을 배울 것이다.

23. 나는 풍요롭고 건강한 정신을 지녔다.

24. 나는 깨어있고 집중하는 삶을 산다.

25. 나는 매 순간 맑은 정신으로 내 삶에 몰입한다.

26. 나는 충분히 창의적인 사람이다.

27. 나는 건강한 신체와 건강한 정신을 늘 유지한다.

28. 나는 현재 최고의 순간을 보내고 있다.

29. 나에게는 나만의 유일한 재능이 있다.

30. 나에게는 성공과 부를 이룰 자격과 권리가 있다.

31. 나는 꿈꾸는 것을 이룰 능력을 가지고 있다.

32. 나에게는 숨은 잠재력이 있다.

33. 나는 매 순간을 생산적으로 활용할 수 있나.

34. 나에게는 유한한 시간과 무한한 가능성이 있다.

35. 나는 당당하고 자신감 넘친다.

36. 나는 열정을 잃지 않는다.

37. 나의 재능과 아이디어는 가공하지 않은 원석과도 같다.

38. 타인의 시선과 비웃음은 내게 타격을 주지 않는다.

39. 나는 이 세상과 단단히 연결되어 있다.

40. 성공의 끈은 이미 나와 이어져 있다.

41. 나는 성공의 기운에 둘러싸여 있다.

42. 내게 주어진 것이 많든 적든 지금 이대로 감사함을 느낀다.

43. 내 삶은 지금 이 순간 브이아이피(VIP)이다.

44. 나의 성공은 계속 발전할 것이다.

45. 시련은 나를 더 단단하게 만들어줄 것이다.

46. 이미 나는 성공스토리의 주인공이다.

47. 나는 기회를 발견하고 포착하고 내 것으로 만든다.

48. 나는 내 인생의 세부 플랜을 세울 수 있다.

49. 지금의 순간은 내 인생 최고의 순간으로 기록될 것이다.

50. 나는 내가 원하는 삶을 내 힘으로 이루고 있다.

51. 나는 이 우주의 일부이자, 우주도 나의 일부이다.

52. 나는 새로운 아이디어를 창출하고 쌓아나간다.

53. 내가 이룬 성공을 다른 사람들과 공유할 것이다.

54. 나는 이미 풍족하고 풍요로우며 더 큰 삶이 이루어질 것이다.

55. 나는 내가 원하는 삶이 무엇인지 알고 있다.

56. 나는 성공으로 이끄는 습관을 꾸준히 유지한다.

57. 사람들이 하는 말이 나를 방해하지는 못한다.

58. 나는 성공을 위한 체계적인 과정을 설계하고 있다.

59. 지금 겪는 모든 것이 내 인생의 학교이자 수업이다.

60. 내가 꾸는 꿈은 세상을 더욱 이롭고 풍요롭게 만들 것이다.

61. 나는 내가 지금 무엇을 하고 있는지 인식하고 있다.

62. 나는 긍정적인 에너지를 가득 안고 있다.

63. 나는 나를 돌보고, 관리하고, 성장시킨다.

64. 내 삶은 기분 좋은 설렘으로 가득하다.

65. 나에게는 나만의 성공의 아우라가 있다.

66. 나는 좋은 기운과 에너지를 받아들이고 감지한다.

67. 나는 내 인생을 진두지휘하고 있디.

68. 오늘 나에게 멋진 기회가 찾아온다.

69. 가능성의 문이 내 앞에 활짝 열려 있음을 안다.

70. 꿈꾸는 것은 이루어질 것이다.

71. 나는 나 자신의 가장 든든한 지지자이다.

72. 나는 있는 그대로의 나 자신을 인정하고 격려한다.

73. 내가 가장 사랑하고 존경하는 사람은 나 자신이다.

74. 내 인생은 그 누구의 인생과도 다른 독특한 이야기를 가졌다.

75. 미레의 니기 헌재의 나에게 미소 짓고 있다.

76. 나는 올바르고 멋진 사람들을 끌어당기는 힘이 있다.

77. 내 삶의 역사가 지금 이 순간에도 쓰이고 있다.

| 차례 |

1부 성공자의 목표력

3부 포기하지 않는 실행력

1부

성공자의 목표력

1부에서는 인류 역사를 망라하여 성공한 삶을 산 사람 혹은 위인, 존경받는 인물로 일컬어지는 이들에게는 어떤 공통점이 있는지를, 주로 성공의 의미와 목표, 과정과 결과에 초점을 맞춰 살펴본다.

1장 '가장 성공한 사람들의 비밀'에서는 21세기의 성공이란 경쟁에서 1등이 아니라 1등을 초월하는 독보적이고 특별하며 유일무이한 아이디어를 펼치는 존재가 될 것을 요구하고 있음을 살펴본다.

2장 '지혜롭게 성공한 사람들의 비결'에서는 성공으로 나아가는 것을 방해하는 내면의 방해물과 이를 극복하기 위한 지혜로운 관점 확장의 방법에 대해 구체적으로 다룬다.

3장 '최고의 인간관계를 맺는 비결'에서는 성공에서 절대적으로 중요한 역할을 하는 인간관계, 대인관계의 중요성을 바탕으로, 소통과 공감, 배려와 존중의 소프트 리더십을 위해 어떤 방식으로 소통해야 하는지를 알아본다.

가장 성공한
사람들의 비밀

최고가 되기보다 독보적인 존재가 된다

모든 인간은 유일하고 고유한 존재이다.
어떤 사람은 다른 사람보다 말을 잘 하고,
어떤 사람은 귀 기울이고 듣는 것을 더 잘한다.
어떤 사람은 어려운 책 읽는 것을 잘하지만,
또 어떤 사람은 몸 쓰는 것을 잘한다.
우리의 지문이 유일무이하듯이
인간의 각각의 뇌도 저마다 강점과 취약점이 다르다.

성적이나 서열이 성공을 결정하던 시대는 이미 저물고 있다.
부와 성공을 바란다면 자신이 무엇을 활용할 수 있는 사람인지
가지고 있는 강점과 약점은 무엇인지를 파악하고 선택할 수 있어야 한다.

이미 남들이 성공한 방식을 그대로 답습하는 것은 더 이상
당신의 성공을 보장해주지 않는다.
예전에는 남들의 성공 방법을 그대로 따라 해도 비슷한 성공을
거둘 수 있었겠지만 지금의 시대는 정해진 답이 없는 시대이다.

그렇다면 어떤 분야에서 성공하려면 어떻게 해야 하는가?

첫째, 재능을 탓하지 마라.
머리가 좋지 않아서, 재능이 특출하지 않아서,
내가 그 분야에서 1등이 아니라서 등의 이유들은
성공의 방해물이 될 수 없다.
최고가 되지 않더라도 유일한 존재가 될 순 있다.
한 가지의 강점이 뛰어나지 않다면 두 가지 이상의
우수한 점들을 활용하면 된다.

둘째, 남들을 따라하지 마라.
이미 남들이 성공했던 방법을 따라하는 것은 아류가 될 순 있을지언정
성공을 보장해주지는 않는다.

남이 한 1등을
따라가는 것은
이미 늦었다.

셋째, 잘할 수 있는 분야 두 가지 이상을 조합하라.
유명 사진작가이자 〈인생의 해답〉의 저자인 체이스 자비스는
사진을 최고로 잘 찍는 것보다 자신의 사진에 놀라운 이야기를 담는
'스토리텔러' 가 되기 위해 노력했다고 말했다.

한 분야에서 최고가 되기보다 두 가지 이상의 분야를 조합해

자기만의 독특함을 드러내는 사람들이 성공한다.

스토리텔링을 잘하는 과일장사,

프리젠테이션 능력이 뛰어난 작가,

영상편집을 잘하는 회사원…

당신은 무엇을 통해 유일무이해질 수 있겠는가?

넷째, 당신의 흥미에서 해답을 찾아라.

남들은 생각 못한 새로운 아이디어, 오직 나만 찍을 수 있는 영상 소재,

이제까지 파는 곳이 많지 않았던 물건, 내가 경험한 독특한 이야기,

사람들은 간과했지만 내게는 몹시 흥미롭거나

평소 남다른 관심을 가지고 있었던 모든 것이

사실은 성공의 기초가 될 수 있다.

자신만의 감각과 강점을 동원하라. 자신만의 관심사와 경험 속에 성공의 열쇠가 들어있다.

"세상이 해야 한다고 하는 것을 따르는 게 아니라 자신이 원하는 것을 아는 것, 그것이 당신의 영혼을 살아있게 하는 일이다."

- 로버트 루이스 스티븐슨

일생일대의 열망을 찾는다

다른 사람들은 시도하지 않는
자신만의 독특한 열망이 있는가?
그 열망이 당신을 꿈꾸게 하고
살아있게 만드는가?
왜 그 일을 당장 시작하지 않는가?
실패할까봐 두려워서라면
그 두려움은 핑계일 뿐이다.
실패를 감수해야 더 현실적인
목표를 세울 수 있고
열망을 더욱 구체화할 수 있다.

성공자의 커다란 공통점 중 하나는
경쟁에서 이길 생각으로 그 일에 뛰어든 것이 아니라는 것이다.
경쟁에서 이기려 하는 것이 아니라 경쟁을 초월하고
경쟁심을 넘어서는 것이다.

똑같은 공부, 똑같은 대학 진학, 똑같은 구직과 취업,
'남들만큼' 되기 위한 똑같은 경쟁,

모두가 같은 것을 좇기 위한 경쟁을 위한 경쟁은
개인을 퇴보하게 만들고 사회를 정체하게 만든다.
아무 것도 꿈꿀 수 없게 만든다.
당신이 만약 그러한 삶을 바라면서 인생의 성공을 바라는 것은
어불성설이다.

어떤 분야에서든 성공을 하고 싶다면
다음과 같은 것들을 자기 자신에게 질문하라.

첫째, 그 길에 당신의 인생을 걸 수 있는가?
단지 단기적인 이익을 위해서가 아니라
평생에 걸쳐 이루고자 하는 목표인가?
당신의 인생을 걸고도 남을 일생일대의 기회를 찾고자 하는가?

둘째, 그 일에 사명감을 갖고 있는가?
그저 유행을 따라가는 것이 아니라 많은 이들과 사회를 이롭게 할 수 있고
그동안 다른 사람들이 찾지 못한 궁극의 해결책을 제시할 수 있는 일인가?

일단 첫 걸음을 내디뎌야
그 다음 걸음을
결정할 수 있다.

셋째, 대부분의 사람들이 주저하는 일인가?

당신의 열망에 대해 이야기할 때 대부분의 사람들이 콧방귀를 뀌거나

쓸 데 없다고 폄하하거나 미친 짓이라고 하거나

실패를 먼저 이야기하는가?

그럼에도 불구하고 당신만은 그 일의 가치와 사명을 알고 있는가?

넷째, 꿈을 이룬 상상을 했을 때 가슴이 뛰는가?

개인의 욕심 때문이 아니라 세상을 발전적으로 바꿀 수 있다는 생각에

심장이 두근거리고 열정이 샘솟는가?

다섯째, 지금 바로 실행할 수 있는가?

그 일을 이루기 위한 방법 중에 당장 실행에

옮길 수 있는 방법이 있는가?

그 방법이 앞으로 6개월 이내에 시도할 수 있는

아주 현실적이고 실천 가능한 일인지?

대책 없는 무모함을 가지라는 말이 아니다.

비현실적인 일에 몸을 던지라는 말도 아니다.

남들과 다른 차원의 의미와 사명감을 추구해야 한다.

그리고 그 열망을 위해 실패를 무릅쓰고

뭔가를 지금 당장 실행할 수 있어야 한다.

한 분야에서 성공을 이루려면 경쟁에서 이기는 것을 넘어 경쟁을 선점하는 것이 필요하다.

"자신의 가치를 매길 수 있는 사람은 자기 자신 외에는 아무도 없다."

- 펄 베일리

Success Tip

성공의 개념을 재정립하기 위한 10가지 키워드

1. 최고가 되기보다 유일한 존재가 되는 것이 21세기의 성공이다.

2. 재능은 성공을 위한 아주 작은 요소 중 하나일 뿐이다.

3. 남들이 다 한 것을 따라하는 것은 성공이 아니다.

4. 제일 잘하는 한 가지 말고, 꽤 잘하는 두세 가지 분야를 찾아 조합하라.

5. 당신의 삶이 성공스토리의 첫 페이지가 될 수 있다.

6. 사명감을 갖고 인생을 걸 수 있는 일을 찾아라.

7. 모두가 하고 싶어 하는 일을 뒤늦게 합류할 필요는 없다.

8. 아직 사람들이 주목하지 않는 분야를 찾아라.

9. 성공 후를 꿈꾸고 상상하라.

10. 지금 뭐라도 시작할 수 있는 일부터 해라.

자신만의 아이디어 뱅크를 만든다

성공에 이르게 하는 아이디어는
아주 작은 데서 출발한다.
사소하지만 창의적인 생각,
흔하지 않은 발상,
바보 같지만
반짝반짝 빛나는 생각,
기존에 없었던 독특한 생각,
기존에 있었어도 방향이 다른 생각들,
이러한 생각들을 꾸준히 축적해야 한다.

각 분야에서 크게 성공한 사람들도 그 시작은 지극히 하찮고 미약했다.
주변 사람들은 다들 웃어넘긴 아이디어,
크게 주목받지 못한 프로젝트,
별나다는 이유로 비난 받은 발상들이
훗날 세계적인 성공의 역사로 재조명 받는 경우를 우리는 이미 잘
알고 있다.

세상 모두가 가리키는 길을 가는 것은 실패를 줄일 수는 있을지언정

남다른 성공을 가져다주지는 않는다.
안전하고 편안한 길은 세상을 바꾸지도 못하고
당신의 삶을 가슴 뛰게 만들어주지도 못한다.

그러니 별난 아이디어를 떠올리기를 결코 주저하지 말라.
당신만의 독특한 아이디어를 현실화시킬 수 있는 방안들을
궁리하고 또 궁리하라.
길을 찾고 문을 두드려라.

무엇보다도 당신만의 창의적인 생각들을 그저 흘려보내지 말고
당신의 아이디어 뱅크에 끊임없이 저장하고 또 저장하라.

당신이 오늘 메모하는 것이
미래의 당신을 만든다.

첫째, 매력적인 아이디어를 찾아라.
당신이 떠올린 아이디어가 당신만의 독특한 라이프 스토리로
연결될 수 있도록 기승전결을 만들어라.

둘째, 황당함을 두려워하지 마라.
창의적인 발상들은 처음에는 황당해 보이는 경우가 많다.

그러나 인류 역사에서 세상을 바꾼 모든 것들은
그 전까지 세상에 없던 황당한 아이디어들이었다.

셋째, 메모하고 기록으로 남겨라.
성공 가능성을 높여주는 빛나는 아이디어들도
머릿속 공상에 머물기만 한다면 허공 속으로 사라질 뿐이다.
성공한 사람들은 메모하는 습관을 가졌다.
틈틈이 메모하고 매일 기록으로 남겨라.

넷째, 실행할 수 있는 아이디어를 찾아라.
아주 작은 부분이라도 현실적으로 시도할 수 있고
실행에 옮길 수 있는 아이디어여야 한다.
시작할 방법이 전혀 없는 너무 거대한 아이디어라면
방향을 틀거나 구체화시켜야 한다.

다섯째, 처음부터 완벽하려 하지 마라.
남들이 황당하다고 할까봐, 바보 같다고 비난할까봐,
허술하다고 비웃음 살까봐 처음부터 완벽을 기하려 한다면,
아이디어를 축적하기 어렵다.
일단 시작하고, 메모하고, 확장하라.

당장의 실패를 두려워하지 마라. 완벽하지 않은 아이디어들을 꾸준히 쌓는 것이 성공으로 이끈다.

"매일 자신에게 무슨 일이 벌어질지 절대 알 수 없다. 중요한 건 두 팔 벌려 받아들일 준비를 하는 것이다."

- 헨리 무어

미래를 꿈꾸되 현재를 바라본다

지금 당신은 어디에서 무엇을 하고 있는가?
당신이 있을 자리에 있다고 여기는가?
지금의 삶은 당신이 궁극적으로 원하는 삶인가?
당신이 원하는 곳에 있는가?
당신이 선택을 주도하고 있다고 느끼는가?
아니면 울며 겨자 먹기로, 상황과 한계에 쫓겨,
원치 않는 곳에 억지로 있다고 느끼는가?

사람들은 흔히 이렇게 말한다.
꿈꾸는 삶을 살 순 없다고.
하고 싶지 않은 일도 해야 한다고.
현재를 희생해야 한다고.
이러한 자기패배적인 조언을 우리는 너무나 많이 들어왔다.
이는 곧 현실에 안주하라는 뜻이다.
변화와 도전을 감행하지 말라는 의미이다.

물론 지금 당장 원하는 부와 성공을 이룰 수 없을지도 모른다.

당신의 꿈에는 난관이 따를지도 모른다.
실패와 인내의 시간을 감내하고
바라는 삶을 위해 끊임없이 도전해야 할 것이다.

그럼에도 불구하고 스스로에게 질문해보라.
당신은 지금 어디 있는가?
지금 있는 곳이 당신이 원하는 곳인가?
당신이 원하는 바로 그것을 하고 있는가?
그리고 무엇보다도, 현재의 삶이
미래의 원하는 삶을 위한 큰 플랜의 일부인가?
이것을 당신 스스로 능동적으로 주도하고 있는가?

만약 타인과 상황에 휘둘리는 수동적인 삶에 머물고 있는 것이라면,
'이것을, 이 삶을 나는 원치 않는다' 라는
당신 자신의 목소리에 귀를 기울여라.
그리고 당신이 원치 않는 것을 원하지 않을 권리를 직접 찾아라.

인간의 시간은
본질적으로
현재밖에 없다.

불안과 우울과 불행에 시달리는 사람들은
과거에 머물러 있거나 미래에만 매달려 있다.
그리하여 현재를 제대로 살지 못하고 있기에
불안과 우울과 불행에 시달린다.
주도하지 못하는 수동적인 삶이 당신에게 부와 성공과 꿈을
안겨주지는 않는다.

그럴 때일수록 현재의 삶을 소중히 여기고 집중해야 한다.
미래를 위해 현재를 포기하는 것이 아니라,
현재를 존중하고 감사함으로써 마침내 원하는 것을 얻는다.

오늘 찾아온 멋진 기회는 무엇이었는가?
지금 내 주변에 있는 고마운 사람들은 누구인가?
지금 이 순간 숨 쉬고, 먹고 마시고, 보고 듣는
작지만 소중하고 감사한 것들은 무엇인가?
사소하지만 뿌듯하고 자랑스러운 것은 무엇인가?
미처 생각하지 못하고 있던 가슴 벅찬 순간들은
먼 미래가 아니라 바로 지금 여기에서도 찾을 수 있다.
이 모든 것들을 자각하고 알아차릴 때 성공과 번영은 성큼 다가온다.

오늘 배운 것, 떠오른 새로운 아이디어, 소중한 인연,

뿌듯하거나 감사한 모든 것들을 알아차리고 메모하라.

당신은 이미 멋진 미래를 살고 있음을 알 것이다.

 끌려 다니는 삶은 당장 멈춰라. 당신의 오늘의 이야기가 당신 자신을 설레고 뿌듯하게 하지 못한다면, 무엇을 놓치고 있는지 발견하라.

"변화와 성장은 위험을 무릅쓰고 자신의 삶을 시험대 위에 올려놓을 때 이루어진다."

- 허버트 오토

Success Tip

자신만의 분야를 찾기 위한 10가지 마인드

1. 당신의 삶 속에서 독특한 아이디어를 찾아라.

2. 엉뚱하고 황당한 생각과 친해져라.

3. 시험하고 실험하기를 주저하지 말라.

4. 머릿속 생각을 틈틈이 메모로 남겨라.

5. 부족하고 불완전하더라도 괜찮다.

6. 지금의 삶에서 원하지 않는 것이 있다면 그 마음을 들여다봐라.

7. 현재의 일상에서 가장 답답하고 불편한 부분에서 돌파구를 찾아라.

8. 오늘 경험한 무언가가 변화의 첫 시발점이 될 수 있다.

9. 배우고, 떠올리고, 기록하라.

10. 수동적인 삶을 멈춰라.

오늘의 메모가 당신의 자서전이 된다

성공한 사람들 대부분이
꾸준히 메모를 하는 이유가 무엇이라고 생각하는가?
〈명상록〉의 마르쿠스 아우렐리우스,
〈자서전〉의 벤저민 프랭클린을 비롯해
역사적인 위인이나 큰 성공을 거둔 사람들은
평소 꾸준히 메모를 하거나
자신의 아이디어와 생각을 적어두고
기록으로 남기는 습관을 가졌다.

오늘날 스마트폰과 인터넷, SNS와 영상매체로 인해
사람들은 점점 더 '쓰는 행위'를 멀리 하는 것처럼 보일지도 모른다.
그러나 종이에 펜과 붓으로 기록하던 시대부터
키보드나 키패드로 화면에 문자를 입력하는 오늘날까지
큰 성공을 거둔 사람들에게서 공통적으로 발견되는 일상의 습관은 바로
메모를 한다는 점이다.

글쓰기가 부와 성공을 당장 가져다주지 못한다고 생각할지도 모른다.

그러나 성공한 사람들의 대부분이 평소 메모를 하고 글을 쓰는 것은
분명하다.

메모를 하는 것과 성공은 어떤 연관이 있을까?
왜 성공한 사람들은 누군가가 그것을 읽어주지 않아도
무언가를 기록하고 메모했을까?

메모는 다음과 같은 기능을 한다.

첫째, 자신의 현재 상황을 돌아볼 수 있게 해준다.
둘째, 정신을 정화하고 정리하게 한다.
셋째, 현재 상황을 극복할 수 있는 아이디어를 떠올리게 한다.
넷째, 머릿속의 복잡한 생각들을 명료하게 시각화하여
객관적으로 바라볼 수 있게 해준다.
다섯째, 불안이나 걱정의 생각들을 꺼내 바라봄으로써
안정감을 찾을 수 있게 해준다.

메모는 남에게 보여주기 위한 것이 아니다.
화려한 문장을 연마하기 위함도 아니다.
책을 출판하기 위한 목적이 아니며,
당장의 해결책을 찾는 데 직접적인 도움을 주지 못할 수도 있다.

잘 쓰려고 하지 마라.
그냥 쓰기 시작하라.

메모는 남이 아닌 나를 돌아보게 하기 위함이다.
남에게 잘 보이거나 좋은 평가를 받기 위해서가 아니라,
현재의 나를 바라보고 정신을 환기하기 위함이다.

아침에 일어나 10여 분 명상을 하고
차를 한 잔 마시고
맑은 정신으로 한 줄의 메모를 하는 것은
그 날 하루를 대하는 당신의 태도를 바꾸고 영혼을 깨어있게 하며
삶을 주도적으로 이끌도록 만들어준다.

이러한 행위를 매일 습관적으로 유지할 때
그 행위를 하는 것 자체만으로도 당신의 삶은 이미 충만한 삶이자
성공한 삶임을 몸소 체험하게 될 것이다.
이러한 작은 습관의 하루하루가 축적되어
원하는 꿈꾸는 삶으로 이끌어준다.

마치 매일의 꾸준한 운동이 근육을 단련시키고
건강한 육체를 만들어주듯이

매일의 꾸준한 명상과 메모는
영혼과 정신을 단련시키고 창의력을 증진시켜 잠재력을
적재적소에 꺼내 쓸 수 있는 마인드를 만들어준다.

성공한 사람과 그렇지 못한 사람의 차이는 아주 작은
매일의 습관의 차이에서 온다.

 성공한 사람들과 성공하지 못한 사람들의 차이는 거의 없다. 다만, 성
공한 사람들은 작은 행위라도 실행을 하고 그것을 유지한다는 점이
다르다.

"내일 되고자 하는 것을 오늘 시작하라."

- 성 제롬

Success Tip

성공하는 삶을 위한 메모의 5원칙

1. 지금 이 순간의 생각과 감정을 돌아보기.

2. 그것을 심플하고 쉬운 자신만이 언어로 쓰기.

3. 남에게 보여주기 위해 쓰지 않기.

4. 잘 쓰기 위해서가 아니라, 그저 쓰기.

5. 습관처럼 가볍게 쓰기.

2장

지혜롭게
성공한
사람들의 비결

변화를 원하면서도
막상 행동하지 않는 이유

지금과는 다른

삶을 살기 원하는가?

언젠가는 꼭 이루고

싶은 것이 있는가?

그런데 그것을 지금 실행하지 않는

이유는 무엇인가?

지금은 아직 때가 아니라고 생각하는가?

그렇다면 그 '때' 는 언제 오는가?

진정으로 원하는 삶의 모습이 있는데

현재는 그렇게 살고 있지 못하는 경우가 있다.

만약 당신이 보고 들은 것, 떠올린 것, 계획을 세워본 것,

해본 것들 중에서 계속해서 머릿속에서 떠나지 않는 것이 있다면,

그래서 자꾸 궁리하고 고민하게 되고, 상상의 나래를 펼치게 되고,

그것에 대해 누군가와 이야기를 나누고 싶다면,

바로 그것이 당신의 삶을 달라지게 해줄 변화의 원천이다.
진정 원하는 삶의 모습이 거기에 있을 수 있다.

그런데도 막상 변화를 당장 실행하려 하진 않고,
실행하지 않는 수많은 이유들을 댄다.
'언젠가는 꼭 할 거야.'
'때를 기다리고 있을 뿐이야.'
'아직은 타이밍이 아니야.'
'현실도 생각해야지.'

결정적인 기회는
기다린다고
와주진 않는다.

그러나 최적의 타이밍이라는 것도 스스로 만들지 않으면
결코 찾아오지 않는다.
당신은 단지 귀찮거나, 두렵거나, 혹은 변화를 간절히
원하지 않을 뿐인 것이다.

성공한 사람들과 그렇지 않은 사람들의 차이는
원하는 것을 당장 실행하느냐, 아니면 평생 동안 '때'를 기다리느냐,

바로 여기에서 생긴다.

어떤 것이 망설여지는가?
어떤 것에 대한 두려움이 당신의 발목을 잡는가?
가장 두려운 것이야말로 꼭 하고 싶은 것, 당신의 인생에서
중요한 것일 수 있다.

다음 두 가지 질문을 스스로에게 해보라.
첫째, 그것을 실행했을 때 일어날 수 있는 가장 최악의 상황은
어떤 것인가?
둘째, 그것을 실행하지 않는 대신 당신이 치르는
감정적, 현실적, 경제적 대가는 어떤 것인가?

이 두 질문에 대한 답을 당신 안에서 찾아라.

멋진 꿈을 막연한 공상으로만 남겨두는 것은 당신의 두려움과 핑계
때문이다.
"영감이 오기를 기다리지 마라. 항상 행동이 영감을 불러일으키지
영감이 행동을 불러일으키는 경우는 거의 없다."

- 프랭크 티볼트

두려움에 어떻게 대처할 것인가?

새로운 길에 도전할 때의
거대한 두려움은
소심하거나 겁 많은 사람들의
전유물이 결코 아니다.
두려움이 없어져야
뭔가를 할 수 있는 것이 아니라
두려움에도 불구하고 용기를 내는 것이
성공의 마인드이다.

인간은 누구나 새로운 것, 미지의 것,
자신이 직접 경험하지 않은 것,
그리고 남들이 위험하다고 하는 것에 대해 두려움을 느낀다.

두려움은 지극히 자연스러운 감정이다.
성공한 사람들이라고 해서 맨 처음 남들과 다른, 혹은 남들이 말리는
새로운 것을 시도했을 때 두려움을 느끼지 않은 것이 결코 아니다.

두렵지 않아서 그것을 감행한 것이 아니라,
두려움을 느끼면서도 용기를 내고 두려움을 느끼면서도 담대하게
뛰어든 것뿐이다.
즉, 오히려 자신의 두려움을 인정하고 그것을 이용한 것이다.

겁쟁이란, 두려움을 느끼는 사람이 아니라
두려움을 느끼자 그것을 피해 도망친 사람을 말한다.

두렵지 않은 사람은
아무도 없다.

성공과 실패는 결국 한 끗 차이다.
성공한 사람은 두려움을 감수한 사람이고
실패한 사람은 두려움을 외면해 달아난 사람이다.

성공한 인생을 살기 위해서는 두려움을 직면하고 인정하는 용기가 필요
하다. 실수하고 실패할 용기가 필요하다.
실수와 시행착오를 부끄러워하지 않을 배짱이 필요하다.
두려움을 부정하거나 숨길 이유가 없다.

두려움에 대처하기 위해서는,

첫째, 두려움을 인정하라.

둘째, 두려움을 구체화하라.

막연한 두려움은 점점 눈덩이처럼 커진다.

그러나 구체적인 두려움은 해결방안을 찾게 해준다.

성공한 사람들은 두려워하지 않은 사람들이 아니라, 두려움의 실체를 만난 사람들이다. 두려움이 구체화될수록 거기에서 빠져나올 수 있다.

"두려움을 없애려면 그것에 이름을 붙여라."

- 영화〈스타워즈〉'요다'의 대사

부정적 감정들을 당신의 손바닥 위에

분노와 불안이 당신을 덮쳤을 때
분노가 없다고
자신을 속이지 마라.
불안을 회피하려
달아나지도 마라.
당신의 화와 불안을
솔직히 인정하라.
그리고 가만히 바라보라.
그것들의 힘이 약해지고 마침내 소멸될 때까지.

명상 전문가 타라 브랙은 조언했다.
분노, 불안, 공포, 두려움, 시기와 질투 등 부정적 감정들이
당신을 엄습할 때
그것들을 억압하거나 피하려 하지 말고
그것들에 '아, 내가 지금 화가 났고.' 과 같이 이름을 붙여 주라고.
그리고 그 감정에게 '나는 너를 보고 있어' 라고 말하라고.

부정적 감정들을 억누르거나 그것들을 없애기 위해 맞서 싸우는 대신

그것들에 이름을 붙여주고 가만히 바라보면
그 감정들은 이내 대처 가능한 것이 되고
우리는 그 감정의 노예가 되지 않는다.
이것이 부정적 감정들을 조절하는 지혜이다.

매일 매 순간 우리는 다양한 종류의 부정적 감정들에 휩싸이기 쉽다.
분노에 휘말리고, 불안에 어쩔 줄 몰라 한다.
화를 조절하지 못해 잘못된 언행을 하는 것은
상황을 제대로 대처하지 못하게 만들고 결국 후회를 남긴다.

감정과 싸우지 말고
감정을 바라보라.
정면으로.

감정을 잘 조절하기 위해서는
당신에게 찾아온 부정적 감정들을 손님처럼 맞아들이고,
이름을 붙여 불러주고,
마치 손바닥 안의 어리석은 동물을 바라보듯
가만히 응시할 수 있어야 한다.
쫓아내거나 부술 필요 없이, 그저 바라보라.
그것의 노예가 되어 감정대로 행동하거나

그것과 싸우느라 불필요한 에너지를 허비할 필요가 없다.
모든 감정은 그저 응시하기만 해도 사라진다.

그리고 현재로 눈을 돌려라.
보이는 것을 바라보고, 들리는 것에 귀 기울여라.
지금 여기에서 경험하는 모든 것에 대해
그 어떤 판단이나 평가도 없이 깊은 주의를 기울여라.
지금 여기, 현재 발견되는 모든 것에 집중하라.

어느덧 부정적 감정들은 보잘 것 없는 벌레처럼
작아져 있을 것이고, 차가운 이성이 돌아올 것이다.

부정적 감정들을 손님처럼 맞아들여라. 비록 불청객이지만, 그들은
당신의 주인이 아닌 손님이기에 곧 물러날 것이다.
"죽을 만큼의 시련은 나를 더 강하게 만든다."

- 니체

새로운 변화를 가로막는 10가지 부정적 목소리

1. 지금 아닌 나중에 하면 되겠지.

2. 언젠가 때가 오겠지.

3. 아직은 타이밍이 아니야.

4. 새로운 것을 시도하는 것은 철없는 짓이야.

5. 성공한 사람들은 망설임이 없었을 거야.

6. 괜히 시도했다가 실패하면 어쩌지?

7. 하고 싶은 것을 다 하고 살 수는 없을 거야.

8. 성공은 아무나 하나?

9. 우선 이 일만 다 마무리한 후에…

10. 두고 봐, 내가 나중에 꼭…

집중하라, 당신이 중요하게 여기는 것에

성공한 사람들은
자신이 하는 일에
집중한 사람들이다.
지금 하는 일에,
지금 하는 생각과 고민에 대해,
지금 떠오른 아이디어에,
그것이 무엇이든
한 번에 하나씩,
그 대신 깊고 꾸준하게 집중하는 것이다.

'우리는 평생 8만 시간쯤 일한다.'
옥스퍼드 대학의 철학교수 윌 맥어스킬은
우리가 평생 일하는 평균 시간인 8만 시간을 어떻게 사용하느냐가 중요
하다고 말했다.

두 시간의 저녁식사를 할 식당을 고르기 위해 5분쯤 고민하는 것이 낭비
가 아닌 것처럼, 일하는 8만 시간을 잘 쓰기 위해
그중 5퍼센트에 해당하는 4천 시간을

고민과 탐색에 쓰는 것은 타당하다고 그는 비유한다.

4천 시간, 즉 약 2년의 시간을
앞으로 할 일과 꿈과 비전을 위해 고민하는 것,
그 고민에 충분히 집중하는 것이야말로
더 큰 성공을 위한 합리적인 시간이라 할 수 있다.

성공과 꿈을 설계하기 위한 2년의 시간.
길지만 짧은 이 시간 동안, 당신은 당신만의 독보적인 성공을 위해
제대로 집중해본 적이 있는가?
당신이 어쩔 수 없이 해야 하는 일 말고
진정으로 중요하다고 생각하는 일에 써본 적 있는가?

만약 한 번도 없다면,
당신은 현실을 핑계로 당신 삶에 집중하지 않은 것이다.

고민하고 방황하라.
그럴 만한 가치가 있다.

누구나 시간은 부족하다.
그리고 누구나 강요받는다.

쓸 데 없는 고민에 빠지지 말고 생산적으로 살라고.

그러나 인간은 기계도 로봇도 아니다.

많이 생산해내야 하는 존재가 아니라

기계가 생각 못할 새로운 것을 만들어내고,

창의적인 아이디어를 떠올리고,

남들이 하지 않은 질문을 하는 존재이다.

많이 만들어낸 사람이 아니라

새롭고 희귀한 것을 만들어낸 사람이 성공한다.

시대가 요구하는 성공은 이미 그렇게 바뀌었다.

그러니 성공하고 싶다면 집중하라.

자기 자신을 위한 고민과 탐색과 연구의 시간을 마련하라.

최소 2년간은 충분히 깊게 집중하고 몸소 경험하라.

이것만이 당신에게 성공을 안겨준다.

지금의 시간들을 당신은 이용당하고 있는가, 아니면 이용하고 있는
가? 생각 없이 살고 있는가, 아니면 집중하고 있는가?
"삶의 지혜란 불필요한 것들을 제거하는 데 있다."

- 임어당

우물에서 나와 전체를 관망하라

성공과 행복은
남이 아닌
자신이 중심이 되는 것이다.
남이 아닌 자신이
기준이 되는 것이다.
남을 이기는 것이 아니라
자신에게 집중하는 것이다.
한 가지에 포커스를 맞추는 것이다.
하나의 시점이 아니라
다양한 시점으로 넓게 바라보는 것이다.

사람들이 성공을 하지 못하는 이유는
재능이 없어서도, 능력이 부족해서도 아니다.

성공을 하지 못하는 의외의 이유는 '관점'에 있다.
자신의 내면이 아닌 타인의 외면에게로 시선이 향해 있기 때문이다.
전체가 아닌 부분을 보기 때문이다.
언덕 위의 전망대에서가 아니라

좁은 우물 안에서 보이는 구멍을 통해 상황을 바라보기 때문이다.

타인의 화려한 겉모습에 현혹되지 말고
자기 자신의 고유한 창의력과 열망과 영감을 떠올려라.
당장의 경쟁에서 이기지 못한 것에 실망하기보다
당신을 꿈꾸게 하고 당신의 삶을 살아있게 할 것을 찾아라.
좋아 보이는 것에, 이긴 것처럼 보이는 것에 속지 마라.

성공은 이기는 것이 아니라 홀로 서는 것이다.
우물 안에서의 다툼에서 이기는 것이 아니라
당신이 원하는 더 큰 세상에서 독보적으로 서는 것이다.
성공에 대해 착각하고 있다면 다시 생각하라.

남들에게 말고
자기 자신에게
잘 보여라.

모든 사람들이 당연하다고 생각해온 것에 의문을 제기하라
그동안 모두가 불편함이나 부당함을 감수했던 것에 대해
당신만의 질문과 아이디어를 발굴해 보라.
모두가 그렇다고 하는 것에 반대의견을 생각해 보라.

우물 안에서 아니라 높은 언덕에서라면 어떻게 할지,
이 분야가 아니라 다른 분야에서라면 어떻게 해결했을지,
이 조직이 아니라 다른 조직이었다면 어떻게 했을지
관점을 달리 하고 확장해 보라.

대다수가 합의하거나 동의한 것에는 의외로 허점이 있다.
이 허점에서 질문을 떠올릴 수 있을 때
창의성과 혁신이 싹튼다. 오로지 당신만이 발견하고
발견 후에 실행에 옮길 수 있을 때
비로소 남들이 도달 못한 성공의 길에 들어설 수 있다.

혁신에는 도전이 따른다.
남들이 반대할 수도 있고, 뾰족한 방법이 떠오르지 않을 수도 있다.
장벽에 가로막힌 것처럼 느껴질 수도 있고,
해봤자 소용없는 일처럼 느껴질 수도 있다.
진도가 나가지 않을 수도 있고, 생각들이 너무 많아
머릿속이 엉킬 수도 있다.

그럴 때일수록 집중하라.
하나의 키워드 단어를 떠올려라.
그리고 이 단어를 한 줄의 글로 적어보라.

거기에서 시작하라.

엉킨 실타래에서 실 하나를 뽑아내듯.

 진정한 성공은 내가 그것을 쫓아가는 것이 아니다. 성공이 내게로 끌려오게끔 하는 것이다.

"어떤 이는 1년 동안 일주일의 가치만 얻고, 어떤 이는 일주일 동안 1년의 가치를 얻는다."

- 찰스 리처드슨

스스로 을에서 갑의 마인드가 되어라

지금 이 순간
당신의 진가를 인정받지
못하고 있다는 생각에
억울해 하거나 좌절하고 있는가?
혹은 '갑'에게서
부당한 대우를 받는
'을'의 위치에서
분노에 휩싸여 있는가?
그렇다면 관점을 바꿔라.
그리고 이 시간을
주도적으로 이끌어라.

오늘날 역사적인 위인으로 평가받거나
탁월한 리더나 혁신가로 자리매김했거나
한 시대의 흐름을 바꾼 성공한 사람들의 대부분은
인생의 한 때 좌절하거나, 진가를 인정받지 못하거나,
누군가의 밑에서 소모적인 시간을 보낸 적이 있었다.

그러나 관점을 달리 해보면 성공한 사람들에게 그 시간들은
억울하거나 분노에 빠져있을 시간만은 아니었다.
성공한 사람들은 이 시간들을 자기 것으로 만들고,
귀한 경험으로 축적하고, 훗날 전략적으로 활용했다.

현재 나의 가치를 인정받지 못하고 있거나
사회적으로 을의 위치에 머물고 있다 하더라도
이 시간을 어떻게 활용하느냐에 따라
그리고 이 시간들에 대해 어떤 태도로 대하느냐에 따라
이 시간을 온전히 당신 것으로 만들 수도 있고
그저 낭비한 시간으로 만들 수도 있다.

밑바닥에 와 있다면
바닥을 치고
올라가면 된다.

첫째, 체험하는 모든 것들을 스펀지처럼 빨아들여라.
어디서 무엇을 하든, 중요한 건 그 일에 대한 자세다.
배우겠다는 자세, 경험으로 쌓겠다는 자세를 가진 사람은
반드시 언젠가 성공한다.

둘째, 자존감을 유지하면서 도움을 제공하라.

현재 당신이 하는 일이 사소하거나 소모적으로 보일지라도,

혹은 돋보이고 빛나는 위치가 아닐지라도,

당신의 일은 누군가를 조력하는 일이거나

그곳에서 반드시 필요한 일일 가능성이 높다.

기꺼이 도움을 제공하라.

그리고

도움이 필요한 곳에 쓰임새 있는 존재로 자리매김하라.

필요한 곳에서 쓰임 있는 역할을 연습함으로써

당신은 나중에 당신 자신의 성공을 위해 필요한

실용적인 스킬들을 연마할 수 있다.

그러므로 자부심을 가질 필요가 있다.

스스로 필요한 사람이라는 자존감을 저버리지 마라.

셋째, 비효율적인 곳을 찾아내고 효율적으로 바꿔라.

어느 조직에서 어떤 위치에서 어떤 일을 하든,

낭비가 되고 있거나 효율적이지 못하게 돌아가는 부분이

어딘가에서 발견될 수 있다.

거기에 나만의 창의적인 아이디어를 제공해 개선하라.

그것이 당장은 나 자신에게 보상을 주지 않는 일일지라도
상황을 당신의 주도 하에 능동적으로 끌어가는 경험은
해볼 수 있을 것이다.
설령 당신의 아이디어가 받아들여지지 않는다 해도
그 또한 당신의 경험의 데이터베이스에 저장될 수 있다.

을의 마인드를 스스로 수정하라.
훗날 이 시간을 되돌아봤을 때
허송세월하거나 낭비한 시간이 아니라
성공의 과정에서 필요할 수밖에 없었던,
귀중한 자산이 된 시간들로 기억하게 될 것이다.

당신의 수고의 시간들은 결국 성공을 위한 최고의 무기이자 탄환이
될 것이다. 어떤 상황에서든 중요한 건 상황 자체가 아니라 상황에 대
한 당신의 마인드, 태도이다.

"숲에서 가장 튼튼한 참나무는 태풍으로부터 보호받고 태양으로부터 숨겨져 있는
것이 아니다. 바람과 비와 타오르는 태양에 맞서
생존을 위해 분투해야 하는, 탁 트인 자리에 서 있는 나무다."

- 나폴레온 힐

정체되어 있는 것처럼 보이는 현재의 삶을 성공의 과정 중인 삶으로 전환하는 7가지 방법

1. 모든 경험을 '경험치' 로 쌓아라.

2. 대체 가능한 일회용 존재로 이용되지 말고, 당신이 상황을 이용하라.

3. 능동성과 주인의식의 태도는 어디서나 유용하다.

4. 쓸 데 없어 보이는 시간을 쓸 데 있는 시간으로 만들어라.

5. 넓고 큰 관점에서, 지금 자신의 위치를 바라보라.

6. 늘 질문할 거리를 찾아라.

7. 지금을 이 다음을 위한 준비과정으로 생각하라.

3장

최고의
인간관계를
맺는 비결

끌어당기려 하기보다
당신이 먼저 다가가라

많은 사람들과 잘 어울리며
탁월한 인간관계를
맺고 싶은가?
그렇다면 자신을
돋보이려 하기 전에
상대방이 존중받는다고
여기게 하라.
말을 잘 하려 하기 전에
진심으로 귀 기울여
들으려 노력하라.
당신이 먼저 다가가
먼저 마음을 열어라

세계적인 자기계발 전문가이자 작가인 데일 카네기가
인간관계론에서 가장 강조한 것 중 하나는
상대방으로 하여금 중요한 존재라는 느낌을 갖게 하라는 것이다.

철학자인 존 듀이가 말한 것처럼 인간의 가장 중요하고 근본적인 욕구는 바로 중요한 사람이 되고자 하는 욕구이기 때문이다.

사람을 잘 다루고 탁월한 인간관계를 맺기 위해서는
화려한 언변과 돋보이는 외적 조건을 가져야 하는 것이 아니다.
사람들은 처음엔 당신의 겉면의 화려함에 잠시 주목할지는 몰라도
그것 때문에 당신을 좋아하고 존경하게 되지는 않는다.

사람들은 자기 자신이 당신으로부터 존중받는다고 느낄 때
비로소 진심으로 당신을 좋아하고 존경하고 따른다.

칭찬을 받고 싶다면 먼저 칭찬을 하고
존중받고 싶다면 먼저 존중을 해주고,
대접받고 싶다면 먼저 대접을 해주며,
최고의 인간관계를 맺고 싶다면 상대방을 최고의 존재로 대하라.

남들을 대한 그대로
남들도 당신을 대한다.

이를 위해 다음을 기억하라.

첫째, 인간관계의 가장 중요한 키워드는 경청이다.
진심을 다해 귀를 활짝 열고, 귀 기울여 잘 들어라.

설령 나와는 생각이 다르더라도 상대방의 입장에 대해서는 공감하라.
백 마디 말을 하는 것보다, 상대방의 열 마디 말을 제대로 듣는 것이
인간관계의 출발이자 핵심이다.

둘째, 상대방이 무엇에 관심 있는지에 대해 먼저 관심을 가져라.
당신이 좋아하는 것, 당신이 아는 것을 주장하기 이전에
상대방이 좋아하는 것은 무엇인지, 무엇에 관심이 있는지,
당신이 먼저 마음을 열고, 궁금해 하고, 주저 없이 질문하라.
겉치레가 아니라 진심으로 알고자 하는 호기심을 가져라.
진심 어린 호기심과 열린 태도야말로
당신 자신을 흥미롭고 매력적인 사람으로 만든다.

셋째, 먼저 말하려 하기보다 상대방이 더 말하게 하라
인간에게는 자신의 이야기를 하고 싶은 욕구가 있다.
그리고 그 욕구가 받아들여지는 상대방을 만날 때
인정받는다고 느끼고 좋은 관계가 될 것이라 기대하게 된다.

따라서 비즈니스에서든, 주변사람과의 관계에서든, 가족관계에서든
최고의 관계를 맺고자 한다면
당신의 말을 일방적으로 많이 하려는 욕심을 버리고
상대방이 더 많이 자기 이야기를 꺼내게끔 독려하라.

상대방이 관심을 가질 만한 질문을 던지고,
주의 깊게 경청하고 긍정적으로 호응하라.
그럼으로써 당신은 상대방에 대한 정보를 알 수 있을 뿐만 아니라
상대방이 나에게 협조하고자 하는 마음을 갖게 할 수 있으며,
그 결과 상대방과 지속적인 관계를 유지할 수 있다.

넷째, 이름을 기억하고, 자주 불러라.
사람들은 자신의 이름이 누군가에게 기억되고 불릴 때
존중받는 느낌, 특별하게 여겨지는 느낌을 갖게 된다.
존경받는 리더들일수록 직원들과 주변인들의 이름과 얼굴을
잘 기억한다.
기억해준다는 것은 사람으로 대접하고 차별화해준다는 뜻이다.

잘 기억할 뿐만 아니라 대화중에, 그리고 인사할 때
한 번이라도 더 이름을 불러주어라.

가장 중요한 것은 '진심' 이다.
입에 발린 말이나 겉치레는 금방 발각될 껍데기일 뿐이다.

많이 말하려 하기보다 경청하려 할 때, 내 이야기를 하려 하기보다 상대방의 관심사에 관심을 가질 때, 존중하고 물어봐주고 바라봐줄 때 비로소 상대방이 당신을 존중하고 존경한다.

"나는 결코 남의 단점을 들춰내지 않고 장점에 대해서만 칭찬한다."

- 벤저민 프랭클린

자연스럽게 매력을 끌어올리는 10가지 대화 방법

1. 상대방으로 하여금 자신이 중요한 존재라는 느낌을 갖게 하라.

2. 당신이 만나는 모든 사람을 존중하라.

3. 누구에게든 칭찬은 아끼지 마라.

4. 진심으로 귀 기울여 적극적으로 경청하라.

5. 남에게 관심을 갖고 친근하게 다가가라.

6. 자신에 대해 이야기하고 싶은 상대방의 욕구가 당신 앞에서 펼쳐지게 하라.

7. 마음을 담아 상황에 맞게 호응하고 리액션 하라.

8. 다른 사람들의 이름과 얼굴을 기억하기 위해 노력하라.

9. 대화할 때, 만나고 헤어질 때, 상대방의 이름을 언급하고 불러라.

10. 영혼 없는 반응은 백해무익하다.

누구에게서나 칭찬 거리를 발견하라

누군가가 당신을
알아주길 바라기 전에
당신이 먼저 상대방의
장점과 강점을 발견하라.
누구에게서나 배울 수 있음을
기억하라.
진심이 담긴 칭찬은
상대방의 마음을 사로잡고
관계를 단단하게 굳혀 주는
강력한 힘을 지녔다.

사람의 마음을 움직이는 것은 진심 어린 감사와 칭송이다.
인간의 가장 기본적인 욕구는 바로 인정에 대한 욕구이기 때문이다.
진솔성을 담은 칭찬과 감사, 격려의 말은
상대방에게 강력한 동기부여가 되고 관계를 공고히 만든다.

이러한 칭찬은 입에 발린 말이 아니라 태도에서 나와야 한다.
사상가 에머슨의 말처럼,

모든 사람에게서 나보다 우수한 점을 발견할 수 있고,
누구에게서나 내가 모르는 것을 배울 수 있음을 기억하라.

내가 상대방보다 우수하며 상대방보다 더 많이 알고 있을 것이라는
오만을 버릴 때, 진심으로 상대방을 칭찬할 수 있다.
솔직한 마음을 담아 칭찬과 격려, 감사의 말을 전한다면
그 말을 들은 상대방은 당신의 태도를 잊지 못할 것이다.

잘 칭찬하기 위해 다음을 기억하라.
첫째, 막연한 칭찬이 아닌 구체적인 예를 들어 칭찬하라.
막연하고 애매모호한 칭찬은 칭찬이 아님이 티가 난다.
진심이 담기지 않은 말은 금세 얕은 수를 들킨다.
증거가 있는 구체적인 칭찬만이 상대방 마음에 가 닿는다.

둘째, 칭찬과 감사가 삶의 태도가 되게 하라.
칭찬은 속마음을 감추기 위해서가 아니며,
그럴 듯한 말로 타인의 마음을 이용하기 위해서도 아니다.
당신의 삶의 태도에 주변사람들에 대한 감사의 태도가 체화되어 있을 때,
비로소 칭찬이 칭찬으로서의 효과를 발휘한다.

칭찬에는 반드시
감사와 존경을 담아라.

셋째, 먼저 칭찬하고 그 다음에 부탁하라.

설령 불만을 제기하거나 지적하고픈 부분이 있다 하더라도

칭찬과 감사의 말을 먼저 꺼냄으로써

상대에 대한 비난과 공격으로 들리지 않도록 윤활유를 바를 수 있다.

성공한 리더들은 공포 조장과 호통의 방법이 아니라

칭찬과 부드러운 부탁을 통해 사람들을 다룬다.

칭찬 없는 지적과 비판은

당신에 대한 반발심과 적대감, 상처를 불러일으킬 뿐이다.

넷째, 긍정적 피드백은 즉각적으로 하라.

인간은 즉각적인 보상과 성취감을 통해 발전한다.

모든 동물과 인간은 칭찬과 보상을 곧바로 받을수록 장점이 늘고

잘못된 행동에 대해서 비난이 아닌 무관심을 제공할 때

그 단점이 감소한다. 이는 기본적인 학습 원리이다.

그러므로 누군가가 조금이라도 발전을 했거나,

지난번에 했던 실수가 감소하는 작은 변화라도 보였다면

놓치지 말고 긍정적인 피드백과 칭찬, 격려를 제공하라.

작은 것에 대한 칭찬과 격려는 장점을 강화시키는 효과가 있다.

그래야 그 사람의 잠재력을 발현시켜, 내 사람으로 만들 수 있다.

칭찬이란 우월한 위치에서 베풀 듯이 해주거나, 마음에도 없이 상대
방을 이용하기 위해 하는 것이 아니다. 그러한 칭찬은 금방 발각된다.
구체적인 근거를 들어 감사하는 마음으로 칭찬하라.

"칭찬은 인간의 영혼을 따뜻하게 해주는 햇볕과 같다."

- 심리학자 제스 레어

논쟁은 득보다 실이 많다

이기기 위한 비난과 공격은
상처와 원망만을 낳는다.
옳음을 빙자한
상사의 비난, 부모의 잔소리는
그 말이 아무리
옳은 말이라 할지라도
부하들과 자녀들의
반감을 살 뿐이다.
인간은 상대방이 가하는
공격을 통해서는
결코 자신의 신념을
접으려 하지 않는다.

살다 보면 상대방과 의견이 다른 경우가 무수히 생긴다.
당신의 직장 상사, 부하, 동료, 클라이인드, 고객, 협력업체,
친구, 심지어 배우자와 자녀까지, 때로 입장이 달라서,
때로 서로 이해를 못해서,
심지어는 당신은 전혀 틀리지 않았다고 생각되더라도

의견 충돌은 언제든 발생할 수 있다.

그럴 때 내 의견을 주장하고 싶고, 설득하고 싶고,
상대방이 자신의 의견을 꺾고 내게 동의하도록 만들고 싶어진다.
논쟁을 하고 싶어 하고, 그 논쟁에서 이기고 싶어 한다.
그렇게 해서 동료를, 부하직원을, 가족을, 자식을 누르고자 한다.

그러나 이는 욕심일 뿐이다.
비난은 비난으로 돌아오고
공격은 공격으로 돌아온다.
비난과 공격을 당했을 때 인간은 방어적이 되고,
방어적인 태도에서 더 나아가 반격을 하고 싶어 한다.
지지 않기 위해 온 힘을 다할 것이다.

상대방의 신념을 바꿔놓기 위한 목적을 가졌을 때
논쟁은 더 감정적이고 격한 논쟁을 낳기 쉽다.
이는 상황을 발전시키거나 개선시키는 게 아니라
누군가의 감정을 다치게 하는 데 유효할 뿐이다.

이기기 위한 말싸움은
좋은 관계에는
도움 되지 않는다.

논쟁에서 이긴다면 상대방은 상처를 입거나 원망을 품을 것이다.
당신이 옳아서 이긴 것이라 하더라도 상대방은 반발심을 갖는다.
벤저민 프랭클린은 말했다.
그렇게 했을 때 당신은 상대방의 호의를 결코 얻지 못할 것이라고.
논쟁에서 당신이 져도 마찬가지이다.
당신 또한 마음이 상하거나, 상대방에 대한 원망을 품게 될 것이다.

논쟁과 싸움이 아닌 다른 방법으로 오히려 상대방을 파악할 수 있고
당신과 의견이 다른 사람과도 오히려 친구가 될 수 있다.
그것은 당신의 신념을 꺾는 것도 아니고
당신이 옳다고 알고 있는 것을 포기하는 것도 아니다.

싸움의 위기를 화해로 발전시키기 위해서는
첫째, 다름을 받아들여라. 사람들의 생각과 의견은 다를 수 있다
둘째, 당신 안의 싸움 욕구에 속지 마라. 감정적 싸움은 득이 전혀 없다.
셋째, 상대방의 입장에 대해 질문하고, 이해하고, 상황을 검토하라.
넷째, 상대방에게서 한 발 물러섬으로써 상대방도 물러서게 만들어라.

다섯째, 당신이 오해했거나 잘못한 것에 대해서는 바로 인정하라.

인정하고 사과하는 것은 당신이 진다는 뜻이 아니다.

여섯째, 상황을 냉철하고 객관적으로 볼 시간을 가져라.

감정의 동요가 한 차례 지나가고 나면 오히려

문제를 더 정확하게 바라보고 파악할 수 있다.

사람은 자신이 믿고 살아온 신념을 계속 믿고자 하는 심리가 있다. 논쟁이란 사실은 각자 자신의 신념을 옹호하려는 과정이지, 자신의 신념을 포기하려는 과정은 아니다.

"만일 당신이 적을 얻고자 한다면 그를 이겨라. 그러나 당신이 친구를 얻고자 한다면 그가 당신을 이기도록 해줘라."

- 라 로슈푸코

반대 의견을 대할 때 지혜를 발휘하라

절대적으로 당신이 옳고
절대적으로 상대가
틀렸다 하더라도
상대방을 설득해
이기려 하는 태도는
사실상 효력이 거의 없다.
상대방의 마음과 신념을
변화시키고 싶다면
그들 스스로 바꾸게끔
지혜를 발휘하라.

'내가 맞고 당신은 틀렸다.'
이런 말을 들었을 때 사람들은
'그래, 내가 틀렸구나. 내 생각을 고쳐먹어야지.' 라고
절대 생각하지 않는다.

사람은 이럴 때 우선 화가 난다.
그리고 온 에너지를 다 사용해 당신에게 반격하려 든다.

따라서 상대방을 설득하고 싶거나, 의견을 내 편으로

바꾸도록 유도하고 싶다면,

'네가 틀렸다' 라고 말하지 말라.

강압은 반동을 불러일으킬 뿐이다.

의견이 다를 때 지혜롭게 대처하기 위해서는 다음을 기억하라.

첫째, 상대방을 공격하거나 부정하려는 의도가 아님을 전달하라.

서로 의견이 다를 때 상호간에 궁극적으로 바라는 것은

싸움이 아니라 조율과 합의일 것이다.

이기려는 목표를 세우지 말고 조율과 합의라는 최종 목적지를 생각하라.

상대방과 적이 되려고 하는 것이 아님을 태도로 보여주어라.

우호적이고 부드러운 태도로 제안하라.

우리의 의견이 서로 다르다면, 무엇이 어떻게 다른지 검토해보자고

진솔함을 바탕으로 이성에 호소하라.

둘째, 만약 상대방이 당신에게 틀렸다고 한다면

맞받아 반격하려는 본능적 욕구를 잠시 멈추고 반걸음만 물러서라.

그리고 다음과 같이 제안하라.

'그렇군요. 당신 말대로 내가 틀렸을 수도 있겠어요.

그러니 이 사안에 대해 함께 검토해 보는 게 어떨까요?'

상대방에 대한 공격은
반격을 낳을 뿐이다.

셋째, 알고 보니 당신의 생각이 정말 틀렸다면, 곧바로 인정하라.
틀렸다는 수치심 때문에 화를 내거나 반박한다면
그때부터 진짜 싸움이 시작되고 상대방과의 관계는 틀어진다.
그러나 틀렸다는 것을 곧바로 인정하고 물러서는 태도는
당신에게 반격하려던 상대방의 마음을 한 풀 꺾이게 만들고
오히려 우호적인 관계를 맺는 계기가 될 수도 있다.

또한 틀렸음을 인정하는 용기 있는 태도는, 자신에게도
더 큰 만족감을 가져다줄 것이다.
왜냐하면 틀렸음을 인정함으로써 오히려 갈등이 감소하고
문제를 해결할 수 있는 새로운 방법이 나타나기 때문이다.

성숙하고 존경스러운 리더, 역사에 남는 성공한 사람들은
자신의 의견이 맞다고 윽박질러서 존경받은 것이 아니라
때로 실수나 판단 미스가 있었을 때 그것을 솔직하게 인정했기 때문에
존경과 성공을 얻어낸 것이다.
그것이 반대 의견을 대하는 지혜의 자세다.

틀렸을 땐 틀렸음을 솔직히 인정함으로써 오히려 다른 사람들이 당신에게 우호적이게 되고, 궁극적으로는 당신의 또 다른 의견들에도 귀 기울이게 할 수 있다.

"당신은 남을 가르칠 수 없다. 단지 그가 스스로 발견하도록 도와줄 수 있을 뿐이다."

- 갈릴레오

결코 그 누구도 깎아내리지 마라

말이란 어떤 태도로,
어떤 어휘를 사용하여
전달하느냐에 따라
상대방을 당신 편으로
만들 수도 있고,
적으로 만들 수도 있다.
당신의 말을
듣게 만들 수도 있고,
당신 말이라면
귀부터 닫게 만들 수도 있다.

성공을 위한 최고의 인간관계를 맺기 위해서는
우선 당신이 타인을 어떤 태도와 말로 대하고 있는지 되돌아보라.

당신이 옳다고 생각하는 것을 주장하기 위해
상대방의 감정과 자존심은 전혀 생각하지 않은 적은 없는가?
상대방이 나이가 어리거나,
경험이 부족하거나, 실수를 저질렀다고 해서,

상대방보다 당신이 나이가 더 많거나, 더 숙련되었다고 해서
거들먹거리거나 상대보다 우위에 있다는 태도로 대하지는 않았는가?
당신이 맞고 옳다는 생각으로, 상대방을 깎아내리지는 않았는가?

비록 당신이 전적으로 옳은 것이 분명하더라도,
비록 상대방이 부족하거나 실수한 것이 사실이라 하더라도,
당신에겐 그를 깎아내리거나 감정적 상처를 줄 권리는 없다.
당신의 말과 태도로 인해 상처 받은 사람과는
결코 당신에게 도움 되는 인간관계를 맺기 어렵다.

첫째, 상대방의 의욕을 살려라.
잘못한 것에 대해서는 얼마든지 개선할 수 있음을 알려주고
개선을 하기 위한 구체적인 방법과 정보를 함께 제공하며
격려를 통해 자존심을 살려주어라.
부족한 부분을 본인 스스로 보완할 수 있겠다고 느끼게 하라.
자기 자신이 전적으로 잘못된 사람이어서가 아니라
아직 경험이 쌓이지 않았거나 잠재력이 계발되지 않았을 뿐이고,
나아지고 있는 과정 중에 있는 존재라고 생각하게끔 당신이 도와라.

둘째, 잘못을 지적하기 위한 용도로 칭찬을 이용하지 마라.
사람들은 칭찬과 격려의 중요성을 잘 알면서도

칭찬이 칭찬으로 들리지 않게 하는 큰 실수를 저지른다.
예를 들어 "A는 잘했다. 그런데 B는 못했구나." 와 같이
마치 B에 대한 지적을 하는 것이 궁극적인 목적이라는 듯이,
A에 대한 칭찬을 양념처럼 이용만 하는 것이다.

> 타인의 자존심을 지켜줌으로써
> 당신의 자존감을 높인다.

이럴 경우 상대방은 당신이 칭찬을 하더라도 믿지 못하고
'곧 뭔가를 비난하려 하는군.' 이라고 의심하게 된다.
급기야 당신이 칭찬의 말을 꺼내는 순간부터
이미 자신이 뭔가 실수를 저질렀을 거라 생각해
긴장하고 경직되고 당신으로부터 상처 받을 준비를 할 것이다.
이는 칭찬과 격려의 의미와 의도를 퇴색시킬 뿐만 아니라,
당신과 당신의 말에 대한 신뢰감을 무너뜨리는 역효과를 낳는다.

따라서 칭찬 이후에 '그런데' 라는 사족을 붙이지 않도록 주의하라.
굳이 첨언하고 싶은 것이 있다면 지적이 아닌 농기부여를 하라.
"A를 잘했구나. 그리고 B도 조금만 보완하면 나아지겠구나."
"A가 정말 훌륭했어요. B도 몇 가지만 수정하면 더할 나위 없겠어요."

셋째, 명령문보다 청유문에 익숙해져라.

명령문은 반감을 불러일으킨다.

그러나 부탁을 위한 청유문은 협조를 불러일으킨다.

명령문은 상대방의 위치가 더 낮다는 것을 전제로 한다.

그러나 청유문은 너와 내가 동등하게 협력할 수 있음을 전제로 한다.

명령문은 상대방의 자존감을 깎아내릴 위험이 있다.

그러나 청유문은 상대방으로 하여금

스스로 중요한 존재라고 느끼게 해준다.

성공한 리더들은 알고 보면 매사에 청유문 사용이 입에 붙은 사람들이다.

청유문을 사용할 때 질문의 형태를 다양하게 활용하면 더 효과적이다.

'~가 어떨까요?', '다른 방법을 사용하면 더 괜찮을까요?'

이와 같이 부드럽게 부탁하고 요청하고 제안함으로써,

상대방으로 하여금 자신이 중요한 역할에 일조하고 있으며,

이를 통해 자신도 중요한 것을 얻을 수 있음을 자연스럽게 알게 하라.

당신의 태도와 말 한 마디를 통해 상대방으로 하여금 스스로 자신감과 긍지를 잃지 않게끔 도와라. 잘못했다고 느끼게 하지 말고, 나아지고 있다고 느끼게 하라.

"상대방이 누구일지라도 나에게는 그 사람을 과소평가하는 말이나 행동을 할 권리가 없다. 사람의 자존심에 상처를 주는 일은 죄악이다."

– 생텍쥐페리

Success Tip

적을 내 편으로 만들 수 있는 7가지 소통 방법

1. 상대방을 공격하거나 상대의 생각을 부정하려 하지 마라.

2. 상대방의 공격에 반사적으로 반격하려 하기보다, 반걸음 물러서는 게 낫다.

3. 자신이 틀린 것을 알게 되면 곧바로 인정하라.

4. 상대방을 격려하고 자존심과 의욕을 세워주어라.

5. 비난을 하려는 목적으로 칭찬을 이용하지 마라.

6. 명령문보다 청유문을 사용하라.

7. 상대방을 동등한 존재로 대우하라.

스스로 원하게 하라

인간은 타인이 원하는 것에
수동적으로 맞춰줄 때가 아니라
자신이 스스로 그것을
원한다고 생각할 때,
그리고 그것이 자신에게도
이익이 된다고 여길 때
비로소 능동적으로 움직인다.

만약 다른 사람들을 당신의 편으로 만들고 싶다면,
혹은 다른 사람들과 협력관계를 맺어야 한다면,
다른 사람들을 '내 사람'으로 만들고 싶다면,
나아가 일시적이 아닌 지속적인 긍정적 인간관계를
당신 인생의 자산으로 만들고자 한다면,
당신이 원하는 것이 무엇인지를 납득시키려 하기 전에
상대방이 원하는 것이 무엇인지를 먼저 알아내고 이해하라.
타인을 움직일 수 있는 유일한 방법은 그것뿐이다.

즉, 사람들을 통해 당신이 원하는 것을 성취하기 위해서는
그것이 오로지 당신 혼자에게만 이익이 되는 것이 아니라
쌍방 모두에게 득이 될 수 있는 무언가가 반드시 있어야 한다.
이를 위해 타인의 니즈와 욕구가 무엇인지 파악하라.

첫째, 사람들을 움직이게 하는 것은 욕구와 동기이다.
인간은 성취욕, 만족감, 인정, 행복감, 보람에 대한 욕구가 있다.
인정받고 싶어 하고, 자신을 증명하고 싶어 하고,
우월하고 싶어 하고, 도움 되는 기회를 얻고 싶어 한다.
이런 것들이 충족되리라는 기대가 있을 때 동기가 부여된다.
더 나은 사람이 되고자 하는 동기, 더 높은 가치를 충족하려는 동기들이
마음을 변화시키고 행동을 바꾼다.

마음을 움직이고 싶다면
스스로 움직이게 하라.

둘째, 어떤 이득을 얻는지를 명시하라.
당신이 제안하거나 부탁하는 뭔가를 상대방이 했을 때,
상대방이 무엇을 얻을 수 있는지를 분명히 알려야
상대방도 기꺼이 당신의 제안에 응할 수 있다.
특히 당신의 제안으로 상대방이 얻게 될 이득이

상대방이 원하는 욕구나 동기와 일치하는 부분이 있어야 한다.

당신은 상대방이 이득을 얻을 거라고 생각하더라도, 그 이득이

상대방도 스스로 원하는 것이어야 하기 때문이다.

이는 비즈니스 관계에서도, 사적인 관계에서도 마찬가지이다.

셋째, 존중과 감사의 표현을 아끼지 마라.

인간은 누군가가 자신을 존중하고 자신의 행동에 감사하여

자신이 좋은 평판을 갖게 되었다고 느낄 때

그 평판과 기대를 유지하기 위해 더 노력하게 된다.

그러니 상대방에 대한 존경과 신뢰, 인정, 감사를 아낌없이 제공하라.

그리고 당신이 상대방에 대해 계속해서 기대하고 있다고 암시하라.

그것이 상대방의 잠재력과 행동력을 이끌어내

당신과 상대방 모두 윈윈 할 수 있게 만들어주는 전략이다.

내가 원하는 것을 상대방도 원하게 만들기 위해서는 그 사람 내면의
동기와 욕구를 자극하라. 그리고 진심을 담아 기대감을 적극적으로
표현하라.

"사람을 움직이게 하는 최고의 방법은 먼저 상대방의 마음속에 강한 욕구를 불러일
으키는 것이다."

- 해리 A. 오버스트리트, 심리학자

공감능력도 연습이다

성공에도 종류가 있다.
물리적인 성공을 이뤘으나
존경은 받지 못하는
성공이 있고
눈에 보이는 성취를 초월해
존경과 경외를 받는
성공이 있다.
당신은 어떤 종류의 성공을
원하는가?

과거의 성공의 개념은 물리적, 물질적 가치에 초점이 맞춰졌다.
그러나 오늘날 성공의 개념에는
물리적, 물질적 가치뿐만 아니라 사람에 대한 태도,
사람들과의 관계와 능력이 반드시 포함되어 있다.

특히 성공한 리더의 자격을 갖춘 사람들은
예외 없이 사람의 가치를 중시하고, 사람에게 진심을 다하며,
다른 사람들의 입장을 존중하고 깊이 공감함으로써

최고의 인간관계를 유지하는 경우가 대부분이다.
사람의 가치가 빠진 성공은 진정한 성공으로 기억되지 않음을
성공의 역사가 증명하고 있다.

따라서 가치 있는 성공을 꿈꾼다면 사람에게 관심을 가져라.
당신이 다른 사람들로부터 얼마나 관심을 끌 수 있을지만 연구하고
있다면 정작 당신 자신은 다른 사람들에게 얼마나
진심 어린 관심을 갖고 있는지
한 번쯤 돌아보라.
타인의 관심을 끌려는 노력만으로는
최고의 인간관계를 맺는 데 한계가 온다.

진실 된 마음으로 다른 사람들의 삶에, 이야기에 관심을 기울이는 사람이
역설적으로 사람들로부터 관심을 넘어 존경을 받게 된다.

공감능력은
타고나는 것이 아니라
습득할 수 있는 것이다.

첫째, 의식적으로 입장과 관점을 바꿔 생각해보는 연습을 하라.

타인의 관점에서 바라보면 모든 것이 다르게 보인다.

이해가 안 될수록 이해해보라.

나와 견해가 다를수록, 상대방은 왜 그런 견해를 갖게 되었는지를

마치 타인의 역사책을 검토하듯이 검토해보라.

만약 그 사람의 입장이었다면, 그 사람으로 살았더라면

당신은 어떤 생각을 하고 어떤 행동을 했을지 상상하는 연습을 하라.

현상이 아닌 원인을 파악해보라.

결과가 아닌 과정을 따라 가보라.

입장 바꿔보기 연습은 인간관계 기술을 향상시킬 수 있게 해준다.

둘째, 공감을 연습하고 표현하라.

사람들은 공감능력을 타고 나야 한다고 생각하는 경우가 있다.

물론 타고 나는 부분도 있을 수 있겠으나

공감도 연습과 노력에 의해 증진되고 확장될 수 있다.

이 능력을 지녔는지 여부가 오늘날의 성공의 열쇠라 해도 과언이 아니다.

이는 상대방이 나와 반대 입장일 때 내 입장을 포기하거나

마음에도 없는 맞장구를 쳐주라는 것이 아니다.

상대방의 입장에서의 감정과 욕구 자체에 공감하라는 것이다.

설령 반대의견을 제안해야 하는 경우라 하더라도

진심 어린 공감을 먼저 표현하면 반감을 줄이고 오히려
호감을 사게 된다.
'내가 당신이었어도 당연히 그렇게 느꼈을 것입니다.'
이 한 마디가 관계의 질과 깊이를 바꿔놓을 수 있다.

인간은 누구나 공감과 인정, 동정을 원하는 본능이 있다. 따라서 싸워 이기려는 논쟁 대신 입장 바꿔 생각해보기와 공감하기를 습관적으로 하라.

"성공하는 최고의 비결은 다른 사람의 생각을 이해하고 자신의 입장과 상대방의 입장에서 동시에 사물을 바라볼 줄 아는 능력에 있다."

- 헨리 포드

마음과 관계를 변화시킬 수 있는 말 한 마디의 비결

삶에 긍정적인 에너지를 주는 15가지 단어	삶에 부정적인 에너지를 주는 15가지 단어
행복하다	망친다
믿는다	망했다
신뢰한다	포기한다
할 수 있다	멍청하다
동의한다	바보 같다
용기 있다	지겹다
훌륭하다	못했다
따뜻하다	경멸하다
나아진다	상처 준다
성장한다	스트레스 받는다
웃는다	괴롭다
얻는다	우울하다
칭찬한다	못한다
축하한다	가망 없다
멋지다	쓸 데 없다

1. 욕설

2. 자리에 있지 않은 제3자를 험담하는 말

3. 과도한 자기자랑

4. 다른 사람을 비난하는 말

5. 감정적으로 화풀이하는 말

6. 남의 약점을 들추는 말

7. 해결책을 제시하지 않는 불평

8. 무례하고 예의 없는 표현

9. 같은 말을 하고 또 하는 것

10. 조롱하는 말

11. 남이 말할 때 자르는 말

12. 남이 한 이야기를 자기 말처럼 하는 것

13. 자기 자랑하며 으시대는 말

14. 찬물 끼얹듯이 실망시키는 말

15. 비굴하거나 굴욕적인 표현

16. 공포를 조장하거나 협박하는 말

17. 마음에도 없는 아첨을 하는 것

18. 큰 소리를 지르는 것

19. 자신의 지위와 권위를 내세우는 말

20. 근거가 뚜렷하지 않은데 사실인 것처럼 하는 말

21. 일러바치는 말

22. 차별하는 말

23. 거짓 감동

24. 비하하는 말

25. 핸디캡을 조롱하는 말

26. 단점만을 지적하는 것

27. 거짓말이나 속이는 말

28. 무자비하고 냉정한 표현

29. 자기연민에 빠진 넋두리

30. 이기기 위해 싸움을 걸고 논쟁하는 말

2부

성공하는 사람만이
갖추는 행동력

2부에서는 1부에서 다룬 성공의 다각적인 개념들과 필요충분조건들에서 한 발 더 나아가, 진정한 의미의 성공을 머릿속 개념에서 실제 행동으로 옮기기 위해서는 구체적으로 무엇을 해야 하는지에 대해 다루고 있다.

4장 '성공을 실행시키는 행동의 비밀'에서는 성공한 사람들이 어떤 근간을 바탕으로 성공 목표를 실행으로 옮길 수 있었는지에 대한 결정적인 공통점을 '가치'의 측면에서 살펴본다.

5장 '물러섬으로써 오히려 원하는 얻는 비결'에서는 성공하는 사람들이 다른 사람들을 인적 자원으로 활용함에 있어 어떤 화법과 소통 방법을 구사하는지를 알아본다.

6장 '잠재력을 현실로 이끌어내는 비결'에서는 우리 모두에게는 각자 저마다의 빛나는 잠재력이 있음을 상기하고, 이것을 흙속에 묻어둔 채 사는 것이 아니라 흙 밖으로 꺼내 빛나게 하기 위해서는 어떤 마인드가 필요한지를 이야기한다.

7장 '끝까지 해내는 마음의 비결'에서는 성공이라는 것이 한 순간의 성과에서 마침표를 찍는 것이 아니라 평생 꾸준히 유지되기 위해 어떤 삶의 방식이 필요한지를 알아본다.

4장

성공을
실행시키는
행동의 비밀

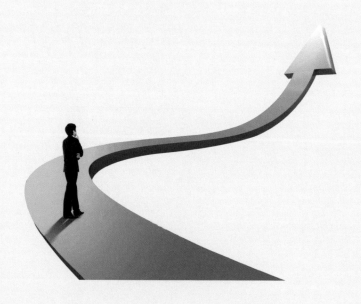

욕심이 아닌 목적에 의해 움직인다

당신은 왜
성공하려고 하는가?
개인적인 욕심을 위해서인가
더 큰 대의를 위해서인가?
당신이 생각하는 성공은
어떤 의미인가?
당신이 진정 원하는 것은
무엇인가?

돈을 많이 벌어 부자가 된다, 유명해진다, 높은 지위를 얻는다 …
당신은 어떤 종류의 성공을 원하는가?
그러한 성공을 원하는 이유는 무엇인가?
돈을 많이 벌면, 유명세를 타면, 높은 지위를 얻고 나면
당신의 꿈은 마무리되는 것인가?

어떤 분야에서든, 어떤 형태로든
인간은 궁극적으로 성공을 바란다.
실패를 바라는 사람은 아무도 없을 것이다.

그런데 성공의 의미를 무엇으로 정의하는지,
왜 그렇게 정의했는지, 그걸 이루고 나면 뭐가 달라지는지
구체적으로 질문했을 때 명확히 대답하지 못하는 경우도 있다.
"돈을 왜 벌고 싶으냐고요? 돈이 많으면 당연히 좋죠 …."
혹은 개인의 욕구충족이나 보상심리 때문에 원하기도 한다.
"왜 성공하고 싶으냐고요? 보란 듯이 떵떵거리려고요."

그러나 욕심을 만족시키거나 무언가의 수단을 위한 성공은
그 여정에서 당신을 주저앉게 만들 수도 있다.

왜냐하면 뭔가를 완수해가는 성공의 여정에서는
예상치 못한 변수가 발생하고, 생각보다 많은 것들을
감당해야 되기 때문이다.

이 과정에서 지치지 않고 나아가기 위해서는
성공의 목적이 뚜렷하고, 그것이 의미 있는 것이어야 한다.
개인에게 뿐만 아니라 다른 사람과 사회에도 가치가 있어야 한다.
개인의 욕심을 넘어선 보다 큰 가치와 명분이 있어야
성공의 여정에 동력이 생기고 가속도가 붙는다.

의미 있는 가치와 명분은 역경을 견디게 해주고,

어려운 상황을 뚫고 나갈 방법을 찾게 만든다.
그러나 성공을 원하면서도 그것의 가치와 명분이 뚜렷하지 않다면
어려운 상황이 닥쳤을 때 포기할 핑계만을 찾게 될 것이다.

성공하려 하기 전에
성공의 의미를 확립하라.

성공 자체를 목표로 삼으면 목표를 달성할 수 없는 이유들이 생긴다.
그러나 더 큰 목적으로 향하는 과정에 성공이 필요한 것이라면
역경을 뚫고 나갈 지혜와 행동력이 생긴다.
고생스러운 일들에도 불구하고 야망과 의지를 갖게 되고
실패에 대한 걱정에 사로잡히는 것을 막아주며
시행착오의 모든 과정들에 몰입하게 만들어준다.

그러므로 성공하려는 진짜 목적과 가치를 찾아라.
당신이 이루려고 하는 일이 이 사회와 이 세상에 도움 되는 것인가?
당신이 원하는 성공을 성취했을 때
그 성공으로 인해 더
많은 사람들이 더 나은 삶을 살게 될 것인가?

성공을 이루려는 궁극적인 이유와 목적이 무엇인지를

당신 스스로 뚜렷하게 설정하게 되면

비록 과정이 힘들고 많은 불편과 실패가 계속되더라도

능력과 잠재력을 당신 안에서 끌어내어 사용할 수 있을 것이다.

성공의 동기와 목적이 크고 깊은 것일수록 일희일비하지 않고

핑계 대지 않고 현실적인 대책을 세울 수 있다.

왜 성공하려 하는지 진짜 목적을 기억하라.

그리고 그에 따른 계획을 세우고, 계획을 행동으로 옮기는 것이다.

하나씩 행동하다 보면 어느덧 원하는 곳에 다가가고 있는 자신을 발견하

게 된다.

성공의 의미와 목적이 무엇인지 모른 채로 성공하려 한다면 당신은 금세 지칠 것이다. 자기 자신에게 담대하게 질문하라. 목적 없이 성공하고자 한다면 그 문은 열리지 않을 것이다.

"스스로에게 어떤 사람이 되고 싶은지 물어라. 해야 할 일을 묻는 건 그 다음이다."

- 에픽테투스

올바른 가치관을 설정한다

성공에 대한
비전을 세워라.
왜 성공하려는지
가치관을 설정하고
성공한 후의 자신의 모습을
시뮬레이션 하고
당신이 성공으로 인해
얼마나 많은 사람들이
긍정적 영향을 받을지
상상하라.

성공의 비전과 가치관은 어떻게 세우면 될까?
우선 다음 질문들을 스스로에게 해보기 바란다.

당신의 인생에서 반드시 채우고 싶은 것은 무엇인가?
당신의 인생에서 무엇이 채워졌을 때 당신은 살아있음을 느끼고,
가슴이 두근거리고, 충만감을 느끼겠는가?
그것을 충족시키지 못했을 때 당신의 일부분 혹은 전부가

죽어있는 것이나 마찬가지인 것은 무엇인가?

어떤 것이 채워져야 당신다움, 그리고 자유로움을 느낄 것 같은가?

당신이 하려는 일은 이 세상에 얼마나 필요한 일인가?

그 전까지 세상에 없었거나, 세상이 중요하게 여기지 않았던 일인가?

당신이 그것을 성공함으로써 얼마나 많은 사람들에게 기여할 것인가?

이런 질문들에 대한 대답과 당신의 성공의 이유가

서로 맞닿아 있어야 한다.

살아있는 감각과 충만감을 느끼게 해줄 궁극의 가치관에 따라

성공의 목표가 설정되어야 성공의 가능성이 커진다.

성공을 하려는 의미가 부여되어야 행동도 할 수 있다.

성공에 대한 올바른 가치관을 세우기 위해서는

자신의 마음을 돌아보고 성찰해야 한다.

충분히 성찰하고 고민하라.

'어떻게 해야 성공할 수 있나요?' 라고 묻는 것은 어쩌면 잘못된 질문이다.

'나는 어떤 가치관으로 살고 싶은가?' 를 먼저 스스로에게 물어야 한다.

이 질문에 대한 답을 자기 안에서 찾아야 성공을 향한 여정을 시작할 수 있다. 가장 적절한 질문을 던져야 성공이 실체가 될 수 있다.

혼들리지 않는 확신이
역경을 뛰어넘게 한다.

성공에 대한 올바른 가치관이 수립되고 나면 마음속에 확신이 생긴다.
확신이 생기는 이유는 성공에 대한 혼들림 없는 근거가 있기 때문이다.
그저 잘 될 거라고 막연히 믿는 것이 아니라, 근거 없는 자신감이 아니라,

그 일이 이루어져야 하고
이루어질 수밖에 없는 이유를 아는 것이 확신이다.
아직 시작된 게 없더라도, 혹은 이제 첫 발걸음을 뗐을 뿐인데도,
당신의 마음속에서는 이미 결과물이 보이고 성공한 후의 모습이
그려지는 것, 그것이 성공에 대한 확신이다.

역사적으로 성공한 사람들은 바로 이 확신을 가지고 있었다.
그래서 주변 사람들이 말리는데도, 반대하는데도, 비웃는데도,
자신이 확신한 성공의 결과물을 향해 발걸음을 내디딘 것이다.

이는 그저 겁이 없어서가 아니라, 무모해서가 아니리, 성공에 대한
혼들림 없는 가치관이 마음속에 확신으로 자리했기 때문이다.
필연적인 성공에 대한 큰 그림이 그려졌기 때문이다.
그런 사람이라면, 시간이 걸리더라도 성공하고야 만다.

시련과 역경이 다가와도 담대하게 대응할 수 있게 되고,
압박을 가하더라도 그저 자신의 가치관대로 나아가게 된다.

성공을 하고 난 후에는, 마치 처음부터 이렇게 되리라는 걸
다 알고 있었던 사람처럼, 자신이 왜 이 일을 꿈꿨는지를
찬찬히 이야기할 수 있게 된다.
성공한 사람들의 놀랍도록 공통적인 모습이 이것이다.

성공을 왜 원하는지, 어떤 가치관으로 그것을 원하는지를 수립해야
다음 스텝으로 나아갈 수 있다.
그것을 위해 어떤 계획들이 필요한지, 지금 당장 행동에 옮길 수 있는 게
어떤 것들이 있는지 찾고, 실행하는 것이다.
매우 현실적이고 구체적으로, 하나하나 실천에 옮기는 것이다.

성공을 하려는 욕구의 밑바닥에는 공익과 이타성, 세상을 이롭게 하려는 마음을 바탕으로 한 거대한 목적성과 흔들림 없는 올바른 가치관이 있어야 한다.

"가장 강하고 뛰어난 사람만이 반드시 인생의 싸움에서 승리하는 것은 아니다. 최후의 승리를 거두는 자는 '나는 할 수 있다'고 생각하는 사람이다."

- 에머슨

가장 가치 있는 성공의 5가지 요건

1. 성공의 의미와 가치가 개인을 넘어서는 것이어야 한다.

2. 주변사람, 이 사회, 이 세상에 이로운 가치를 찾아라.

3. 주변을 둘러보지 않는 삶은 진정한 성공이라 불리기 어렵다.

4. 당신이 추구하는 성공에 이타심이 포함되게 하라.

5. 더 많은 사람을 이롭게 하는 데서 성공의 목적과 동기를 찾아라.

계획을 계획으로만 두지 않는다

변화에는 대가가 따른다.
편함보다 불편함을
택해야 하고
안락함보다 위험함을
택해야 한다.
그러다 보니 사람들은
꿈이 있어도
공상이나 계획 단계에만
머무르게 된다.
성공한 사람들은
계획을 계획으로만 두는 것을
중단하기를 선택한 사람들이다.

성공하기 위해 뭔가를 시도하는 것은
안전장비 없이 흔들다리를 건너는 것과도 같다.
다리 건너의 세상이 어떨지 완벽하게 통제할 수 없고
다리 밑에는 위험한 포식자들이 우글거릴 수 있다.
그러나 지금과는 다른 삶을 위해서는 이 다리를 건너야 한다.

성공하기를 바란다면 위험함과 불확실함, 실패 가능성을 인정해야 한다.

성공한 사람들은 자신이 생각한 성공이

처음부터 확실해서, 위험하지 않아서, 불안하지 않아서

감행한 것이 아니라 불확실하고 불안한데도

이를 받아들이고 감행했기 때문에 성공한 것이다.

흔들거리는 다리를 건너는 것처럼 말이다.

익숙한 편안함과 변화된 삶 이후의 성공, 둘 다를 취할 수는 없다.

지금 편한 것과 궁극적으로 원하는 삶 사이, 그리고

계획만 세우는 것과 계획을 실제로 실행하는 것 사이에서

우리는 늘 선택을 해야 한다.매일 선택을 요구 받는다.

당신은 어떤 선택을 하고 있는가?

그렇다면 머릿속에서 상상만 하는 성공을 실행시키기 위해서는,

즉 계획을 계획으로만 두지 않고 뭔가 액션을 취하기 위해서는

어떻게 하면 좋을까?

성공에 대한 계획을

장기와 단기로 세우고

오늘부터 실행하라.

첫째, 당신이 꿈꾸는 성공의 여정과 성격이 당신과 맞는 것인지 파악하라.

당신의 가치관, 기질과 성향, 당신이 가진 실제 적성과 재능을
냉정하고 객관적으로 알고 있어야 한다.
자신이 어떤 사람인지 모르고 원대한 꿈만 꾸는 것은 백전백패이다.
원하는 성공과 개인적 자질이 서로 일치해야
성공 가능성이 높아진다.

둘째, 5개년 계획을 세워라. 구체적으로.

지금의 삶에서 뭔가 불만족이 크고 지금과 다른 삶을 살기 원한다면
지금으로부터 5년 후 어떤 모습으로 살기 원하는지 상상해보라.
지금과 똑같이 사는 것이 상상되는가? 그것이 허용되는가?
혹은, 5년 후에도 지금과 똑같이 사는 것을 상상할 때 견딜 수 없는가?
여기에서 출발하라.

이때 인생 전체를 바꿀 막연한 계획이 아니라
변화를 위해 5년 동안 할 수 있는 것들을 찾아보고 계획하라.
5년이라는 시간은 인생 전체를 놓고 볼 때, 비록 실패와
시행착오를 하더라도 인내하거나 복구하는 데 있어
너무 길지도, 그렇다고 너무 짧지도 않은 적절한 시간이다.
가볍지는 않지만 부담스럽지도 않은 시간이다.

5년을 주기로 현실적인 목표를 세우고 플랜을 짜보라.

5년을 어떻게 보내느냐에 따라 당신의 삶이 변화될 수 있다.

셋째, 돈과 시간에 대한 계획을 세워라.

아무리 공익적이고 가치 있는 목적을 세웠다 할지라도

꿈만 꾼다고 해서 그것이 당신에게 와주는 것은 절대 아니다.

오늘 하루 무엇을 시행하고, 무엇을 얻고, 무엇을 배웠는지에 따라,

그리고 오늘 하루 어디에 어떻게 돈을 썼는지에 따라

내일이 달라지고 내년이 달라진다.

성공은 이런 하루하루가 축적된 결과물로 탄생한다.

그러므로 매일 목표를 가지고 효율적으로 시간을 배분하여 사용하라.

수입과 지출과 저축에 대한 명확한 계획을 세워라.

시간과 돈에 대한 계획 없이 성공을 바라는 것은

복권 당첨만을 바라고 아무 것도 하지 않느니만 못하다.

넷째, 습관부터 바꿔라.

매일의 운동이 몸의 근육을 바꾸고 건강상태를 바꾸듯이

일상의 습관, 생각의 습관들은 뇌 자체를 변화시킨다.

습관이란 그 행위가 몸의 일부인 것처럼 익숙해지고 루틴이 되어

일부러 노력을 기울이지 않아도 하게 되는 것을 의미한다.

성공하고 싶다면 성공에 걸맞는 습관들을 내 것으로 만들어라.

편해서가 아니라, 좋아서가 아니라,

'당연히 숨 쉬듯이 하는 일' 되도록 만들어라.

실행하기 시작하면 당신의 삶은 서서히 변화할 수 있게 된다.

계획을 실행에 옮겨야 우연한 유익한 사건들이 당신을 찾아온다.

성공에 대한 확고한 가치관을 바탕으로 확신이 생기고 나면 그 목표를 위한 구체적인 계획을 하루 단위부터 최대 5년 단위로 세워라.

"매일 아주 조금의 불편도 없다면 성장하지 못하고 있는 것이다.

좋은 일들은 모두 안전지대 바깥에 있다."

- 잭 캔필드

원동력을 자기 안에서 찾는다

자동차가 질주하기 위해서는
기름이 떨어지지 않게
채워야 한다.
에너지를 얻기 위해서는
발전기를 돌려야 한다.
휴대폰을 사용하기 위해서는
충전기를 연결해야 한다.
성공을 향한 여정도 마찬가지이다.
그 길 위에서
원동력을 잃지
않는 것이 중요하다.

성취감이란 어떤 일을 완수하고 난 후에만 얻는 것일까?
목적하는 바를 이루고 난 후에야 성취감을 느낄 수 있을까?
꼭 그렇지는 않다.

성취감은 성공을 향하는 여정의 끝이 아니라 중간에도 필요하다.
왜냐하면 성공을 향한 여정에서는 실망하거나 좌절할 일들이 반드시 생기기 때문이다.

여러 가지 예상치 못한 일들이 당신을 좌절하게 하고
중도포기하게 만든다.

계획대로 풀리지 않는 변수들이 발생하고, 예상치 못한 상황이 벌어진다.

아직 손에 잡히지 않은 성공은 매일의 인고와 인내를 요한다.

그러나 인간에게는 결과뿐만 아니라 과정에서의 보상도 필요하다.

비록 보상을 외부에서 주지 않더라도,
아직 목표에 도달하지는 않았더라도,
그래서 눈에 보이는 성과가 당장은 없더라도,
스스로에게 보상은 필요하다.
그래야 길을 계속 갈 수 있다.

이 보상 중 가장 큰 원동력이 되는 것은
스스로 느끼는 내적인 성취감이다.
즉 동력을 외부에서만이 아니라 내면에서도 끌어올리는 것이다.

성취감은 무언가에 대한 만족감과 비슷한 것이지만,
아직 결과물이 완성형이 아니더라도 성취감을 느낄 수 있다.
자신이 어떤 방향으로 나아가고 있는지 알고 있을 때,
이 길이 가치 있고 의미 있는 길이라 과정들 자체도 소중하다 여길 때,

지금은 아니지만 언젠가는 기대하는 바가 이뤄지리라 희망할 때,
지금 당장은 아니지만 매일의 노력과 노동으로부터 얻는 보람이 있을 때,
그리고 자신이 그 길을 올바르게 나아가고 있음을 알 때,
당신은 성취감을 느끼게 된다.

이 성취감은 당신의 내면으로부터 솟아나는 것이다.
마치 약수터에서 맑은 물이 솟아나는 것처럼.

성공에 대한
외부적 동기만 있을 경우
동력이 금방 바닥난다.

내적 성취감을 느끼기 위해서는 기본적인 조건들이 갖춰져야 한다.
당신이 중요시하는 가치관과 덕목, 당신이 잘하는 것,
당신이 꿈꾸는 삶, 이런 것들과
현재 자기 자신이 노력하고 있는 것이 일치해야 한다.
아무리 땀 흘리고 애를 쓰더라도 이런 것들이 일치하지 않는다면
성공은 더디 오거나 남들보다 효율이 떨어질 것이다.

무조건 열심히 애만 쓴다고 해서 누구나 성취감을
느낄 수 있는 것이 아니다.

성취감을 느낄 만한, 자신에게 적합한 길을 선택해야
내적 성취감을 느낄 가능성이 높아지고, 거기서
동력을 얻을 수 있는 것이다.

흔들림 없는 뚜렷한 목표를 설정하되, 중간 중간
융통성을 발휘하는 것도 중요하다.
목표를 향해 가는 길을 한 가지만 있는 것이 아님을 기억하라.
장애물에 막혀 생각지도 못한 길로 우회해야 될 수도 있고,
가려고 했던 길이 완전히 막힐 수도 있지만,
언제나 오픈 마인드가 필요하다.
전략은 수정할 수 있고 계획은 변경할 수 있다.
성공한 사람들은 이 변동성에 쉽게 좌절하지 않았기에 성공할 수 있었다.
유연성과 융통성을 잃지 않아야 지속적인 원동력을 얻을 수 있다.

무엇보다 현재의 과정과 매 순간에 기쁘게 몰입하라.
지난 일에 대한 후회와 앞으로 닥칠 일에 대한 걱정 대신
현재 가고 있는 길 위에서 모든 발걸음에 완전히 몰두하라.
더 이상 남은 에너지가 없다고 느낄 정도로,
결과가 어떻게 되든 후회는 없다고 생각할 수 있을 정도로
빠져들어야 한다.
이 과정 자체가 당신에게 성취감과 원동력을 줄 것이다.

당신은 원하는 결과를 당장 얻어내지 못할 수도 있다. 그러나 그 과정들은 얼마든지 의미가 있을 수 있다. 이 시간들이 또 다른 더 큰 성공의 자양분이 될 것은 분명하다.

"역경과 변화의 시기에 우리는 정말로 자신이 누구인지, 어떤 특성을 지니고 있는지를 알게 된다."

- 하워드 슐츠

두려움은 정면 돌파 한다

의심과 두려움은 잡초와 같아서

내버려두면

무성하게 자라난다.

정원의 본 모습을 뒤덮어

무엇이 원래의 모습이었는지

모르게 된다.

이 잡초를

내버려두지 않는 것,

묵묵히 삽을 들고

땀을 흘리는 것,

이것이

당신이 할 수 있는 일이다.

지금과 다른 삶을 살기 위한 변화에는

성공에 대한 갈망과 실패에 대한 두려움 사이의 갈등이 반드시 따른다.

모든 도전에는 두려움이 내재되어 있다.

그러나 방법은 하나다.

일단 시작하는 것.

시작하기만 하면 우리는 그 일을 계속해 나간다.

그때부터는 관성의 법칙이 작용하기 때문이다.

모든 일은 행하기가 어려운 게 아니라 시작하기가 어렵다.

그렇기 때문에 뭔가를 하기 위해서는 작은 행동 하나를 일단 해야 한다.

하지 않던 것을 할 때 저항이 따르지만,

시작하는 그 자체만으로 많은 것이 달라진다.

두려움이 커지는 이유는
그것을 피하고 있어서이다.

성공을 하기 위해서는 비전과 목표, 궁극의 목적과 가치,

노력과 노동의 시간과 과정, 그리고

성공에 대한 두려움과 의구심이 엄습할 때 그것을 피하는 것이 아니라

정면 돌파할 용기도 있어야 한다.

일단 시작하는 것이 바로 그 용기다.

아무 것도 시작하지 않는 다른 사람들보다 더 큰 신념을 갖고

정면 돌파 하는 것이다.

성공에 대한 백 퍼센트의 확신이 있어서 하는 것이 아니라

일단 실행하고 시작하면서 점차 확신이 생기게 되는 것이다.

자기를 백 퍼센트 믿어서 시작하는 것이 아니라

일단 시작하고 나서 그 다음 단계로 나아가는 자기를 믿게 되는 것이다.

성공은 두려움에 맞서는 사람들을 좋아하는 속성이 있다.

성공에 가까워지기 위해서는 실행했을 때의 위험과

실행조차 하지 않았을 때의 손실을 저울질한 후

망설임과 두려움의 시간을 최소화하고 뭔가를 시도할 결심을 해야 한다.

"실패는 고통스럽다. 하지만 최악은 성공하려고 시도조차 하지 않는 것

이다."라고 말한 루즈벨트 대통령의 말처럼 말이다.

자기를 믿고 두려움에 맞서라. 결과가 어떨 것인가가 아니라 시작 자체가 자신에게 어떤 의미 일지에 집중하라. 일단 시작하고 나면 온 힘을 다해 집중하라. 그 자체가 성공하는 자의 모습이다.

"우리가 정복해야 하는 것은 산이 아니라 우리 자신이다."

- 에드문드 힐러리

성공 목표의 실행 가능성을 높이는 10가지 요소

1. 당신의 기질, 성격, 성향, 적성, 재능, 흥미에 맞는 성공 목표를 설정하라.

2. 향후 5년 이내에 할 수 있는 일에 대한 계획을 구체적으로 세워라.

3. 미래에 대한 계획은 구체적이고 현실적으로 세워라.

4. 계획들 중에 반드시 오늘 할 수 있는 일이 있도록 계획을 짜라.

5. 계획을 하나씩 실천했을 때 스스로 즐겁고 만족스러워야 한다.

6. 계획을 수정함에 있어 유연성과 융통성의 태도를 지녀라.

7. 목표 달성 이후가 아니라 달성하는 과정 중의 일들에 몰입이 될 수 있어야 한다.

8. 무엇이든, 일단 시작할 수 있어야 한다.

9. 확신이 백 퍼센트 들어야 시작할 수 있다는 환상을 버려라.

10. 두려움은 회피할수록 덩어리가 커진다.

5장

물러섬으로써 오히려 원하는 것을 얻는 비결

성공한 리더의 화법은 무엇인가

강력하고, 확신에 차 있고,
목소리가 크고,
힘을 잔뜩 준 화법은
리더가 당연히 써야 할
화법이라고 여겨진다.
그러나 과연 그럴까?
강하고 선언적인 웅변은
사람의 마음을 움직이는 데
얼마나 효과적일까?

사람들은 더 크고 더 확신에 찬, 더 강하고 웅변적인 방식으로
말하는 사람이 더 많은 것을 쟁취하고 리더의 자리를 꿰차거나
가장 성공할 것이라고 생각한다.
더 많은 사람들을 설득하고 더 많은 것을 얻어낼 것이라고 믿는다.

실제로 승자나 리더는 강력한 화법을 구사하는 경우도 많았다.
말을 잘하고 목소리가 크고 강력하게 밀어붙이는 사람은
어디서나 눈에 띄고 영향력 있어 보이는 것이 사실이기 때문이다.

또한 면접에서나 웅변에서처럼 강력한 한 방으로 자신을 어필해야 하는
상황에서는 강한 리더십과 설득력의 화법이 효과를 발휘하기도 한다.

그러나 최근 연구에 따르면 사람들의 짐작은
사실이 아니라는 것이 드러났다.
강력하고 일방적이며 선언적인 화법 및 소통 방식은
긴밀하고 지속적인 관계 형성이 필요한 상황이나
사람의 마음을 움직이고 설득시켜야 하는 상황에서는
그 효과가 매우 짧을 뿐만 아니라,
때로는 효과적이지 않기까지 하다는 것이다.

강력하고 웅변적인 화법은
효과가 매우 한시적이다.

이목을 집중시키는 강하고 눈에 띄는 화법과 소통방식은
강렬한 인상을 줄 수는 있으나, 자칫하면 소통을
일방적인 방향으로 흐르게 만들고,
구성원 간의 다양한 아이디어와 풍부한 정보 공유를 가로막게 된다.
그리고 모두의 능력보다 한 사람의 능력에만 기대게 만들어
결과적으로는 구성원 모두를 자극시키고 발전시키는 것을 방해한다.
이는 인간의 욕구와 상충하는 셈이다. 왜냐하면 모든 인간은

자기 자신의 영향력이 발휘되고 인정되고
존재감을 확인받길 원하기 때문이다.

가령 조직의 구성원들이라면 리더 한 명이 뛰어나서
프로젝트가 성공하거나 조직 전체가 성공한 것이 아니라,
그 성공에 구성원인 자기 자신이 기여한 바가 있기 때문에
성공한 것이라고 인정받길 원하는 것이다.
그래야 더욱 동기부여를 받아 자발적으로 참여하고 기여하게 된다.

때문에 강력하나 일방적으로 소통하는 사람은
처음에는 매력적으로 보일 수 있으나 장기적인 리더십에 실패할 수 있고
반면 강력하지 않으나 부드럽고 쌍방적인 방식으로 소통하는 사람은
처음에는 눈에 띄지 않을 수도 있으나 장기적인 성공에 유리하다.

내용은 선명하게
태도는 부드럽게

특히 수평적 관계와 풍부한 커뮤니케이션을 중시하는 지금의 시대에는
독단적이고 강한 화법보다 한 발 물러선 힘 뺀 화법을 통해
오히려 원하는 것을 얻고 상대방과 윈윈 하는 관계를 맺을 수 있다.
강하고 지배하는 방식으로 소통하게 되면

상대방은 그가 자신을 위한 이익을 추구하려는 것으로, 혹은
다른 사람을 희생시켜 자기 목적을 달성하려는 것으로 느낀다.
성공을 개인의 것으로 가져가려 한다는 인상을 받는다.
수직적인 관계로 느끼게 되어 오히려
수동적이고 소극적인 태도가 될 수 있다.

반면 힘을 빼고 한 발 물러선 방식으로 소통하게 되면 상대방은 그가
자신을 존중하고 자신의 이익도 중요시해주는 것으로 느낀다.
능동적으로 참여하는 태도를 갖게 되어 결과적으로 당신에게도 이익이
된다. 상대방이 이 관계를 수평적인 관계로 느끼게 되면 스스로 도움 되
는 아이디어를 제안하거나 새로운 정보를 제공해주기도 한다.
이러한 관계를 형성하는 리더는 자연스럽게 존경과 명망을 얻는다.

성공하려면 목소리가 크고 화법이 화려해야 하는 시대는 지났다.
당신은 어떤 방식을 선택하고 싶은가?

부드럽고 수평적인 방식의 커뮤니케이션은 나약함을 의미하지 않는
다. 힘을 빼고 물러섬으로써 오히려 더 많은 것을 얻을 수 있다.
"다른 사람들을 위해주고, 공감을 하고, 영향력을 끼치는 것이
행복을 가져다준다."

- 해롤드 쿠시너

성공자의 리더십 화법 5가지 요건

1. 메시지는 분명하되, 태도는 부드럽게 이야기하라.

2. 일방적이 아닌 상호 쌍방적인 의사소통을 하라.

3. 수직적 메시지 전달이 아닌, 수평적 교환과 전달을 하라.

4. 밀어붙이는 방식이 아닌 한 발 물러선 방식의 소통을 하라.

5. 상대방이 참여하고 제안할 수 있게 장을 만들어라.

조언을 구하며 부드럽게 다가가기

성공이란 달리 말하면
최대한 많은 사람들에게
영향력을 행사하는 것이다.
당신이 만든 물건을 사거나
당신의 아이디어에 투자하거나
당신의 생각에 동의하도록
만드는 것이 성공이다.
즉 타인의 동기와 관심을
내 쪽으로 돌리는 것이다.

사람들에게 영향력을 끼치는 유형에는 여러 가지가 있다.
어떤 사람은 강하게 지배하고 밀어붙여서 영향력을 발휘한다.
어떤 사람은 부드럽게 끌어당겨 영향력을 발휘한다.
20세기형 리더는 권력과 지배력을 극대화시켜 영향력을 발휘했다.
21세기형 인재는 호감과 존경을 이끌어내 영향력을 발휘한다.

과거에는 권력을 행사하여 사람들을 복종시킬 수 있는 것이 성공이라
생각했다. 성공한 리더라면 당연히 화려한 언변과 화술,

자극적인 어휘를 구사하여 말할 수 있어야 한다고 여겼다.

겸손한 사람은 성공과 거리가 멀거나 성공하기에 불리하다고 생각했다.

누군가를 설득하려면 강하게 다가가고 어필해야 한다고 생각했다.

때로 힘을 써서 밀어붙이기도 해야 한다고 믿었다.

그러나 이제는 겸손하고 부드러우며 여유와 융통성 있는 사람일수록

명성과 명망을 얻으며 오히려 성공한 자의 표상으로 떠오르게 되었다.

사람들은 누군가가 자신에게 조언을 구할 때,

자신의 존재와 자신의 의견이 중요하고 의미 있는 것으로 느껴져

마음이 열리고, 기꺼이 자신의 것을 동원해 도움을 주려 한다.

조언과 도움을 청한다는 건 상대방을 존경하고 인정한다는

뜻이기 때문이다.

자신의 능력으로 상대방을 도와줄 수 있다고 느낄 때 스스로

가치 있게 느낀다. 또한 상대방의 관점에서 문제를 생각해보게 된다.

이는 조언을 구한 당신에게 실질적으로 도움이 될 뿐만 아니라

앞으로도 긴밀한 협력관계를 만들 수 있게 된다.

또한 조언이나 도움을 요청받은 사람은 요청한 사람을 좋게 평가하지,

결코 부정적으로 평가하지 않는다.

조언을 구하고
먼저 요청함으로써
협력적 관계 구축하기

그래서 여러 연구에 따르면, 상대방에게 조언을 구하거나 도움을 청할 때
조언과 도움을 구한 사람이 오히려 영향력을
행사할 수 있게 된다고 하였다.
그 상대방이 아랫사람이든, 동료든, 윗사람이든 말이다.
역사적으로 명망 있는 장수나 리더는, 가장 낮은 위치에 있는 사람들에게
도 조언을 구하기를 주저하지 않았다. 그럼으로써 존경을 받았다.

먼저 물어보고 도움을 청하는 방식은 당신의 약점을 드러내는 것이
아니라, 상대방을 존중하고 높여줌으로써 상대방으로 하여금
당신에게 헌신할 수 있도록 유도하는 것이라는 점에서 효과적이다.

따라서 진심과 존경을 담아 다른 이들에게 다가가라.
그리고 상대방을 존중하는 태도로 조언과 도움을 청하라.
이때 상대방이 당신에게 줄 수 있는 선에서의 조언과 도움을 청하고,
무엇보다 진정성 있는 태도로 상대방을 대해야 한다.
상대방의 의견이 당신이 상상했던 바와 다르더라도 기꺼이 참조하고,
추후의 지속적인 협력관계를 약속하라.

이러한 태도를 보이는 것만으로도 당신은 더 많은 사람들로부터
신뢰와 존중을 받을 수 있을 것이다.
이것이 오늘날 성공하는 사람들이 갖고 있는 중요한 덕목 중 하나이다.

겸손과 수평의 의사소통과 관계형성을 위한 방법 중 하나는 상대방이
누구든, 당신이 먼저 조언을 구하며 부드럽게 다가가는 것이다.
"화해는 승리보다 아름답다."

- 비올레타 바리오스 데 차모로

질문함으로써 답을 구하기

남을 설득하여 내 편으로 만들려면
위협하고 강제하는 것으로는
아무런 효과가 없다.
'이것이 정답이니
내 말을 믿고 따라라.' 라는
태도로는
사람들은 아무도 당신을
믿지도 따르지도 않는다.
당신이 먼저 답을 제공하지 마라.
당신은 오히려
물어보며 다가가라.

과거의 세일즈맨은 이렇게 말하며 물건을 팔려 했다.
"이 물건을 사세요. 이 물건이 제일 좋습니다.
당신이 원하는 물건이 바로 여기에 있습니다."
더 화려하게, 더 자극적으로 사람들의 이목을 끌고 설득하려 했다.
그러나 이 방법은 한계가 있다.
이제 사람들은 너무 많은 정보를 알고 있기에, 쉽사리 남의 말을 믿으려 하기보다는 의심하려 하기 때문이다.

세일즈가 아닌 다른 어떤 분야라도 마찬가지이다.

'나를 따르라' 식의 리더십은 실패하기 십상이다.

지금의 시대에서 성공하는 사람들은 답을 먼저 던져주지 않는다.

그 대신 부드럽게 물어본다.

"어떤 것이 필요하세요? 어떤 생각을 갖고 있으세요?"

즉, 질문을 던져 상대방으로 하여금 이야기하게 한다.

질문을 하여 상대방으로부터 답을 구하는 태도를 취함으로써

상대방을 존중하고 상대방의 이익과 견해를 중요시한다는

존경과 배려의 분위기를 조성하는 것이다.

나를 따르라고 하지 말고

너를 따르겠다고 하기

사람들은 자신의 이야기를 자유롭고 편안하게 할 수 있을 때

상대방을 우호적으로 느끼게 된다.

자신의 이야기와 자신의 의견을 경청해주는 사람을 만났을 때

그 상대방에게 더 쉽게 마음을 열고 더 많은 정보를 주게 된다.

그래서 심리학자 페니베이커는 이렇게 말했다.

'사람들은 자신의 생각을 이야기하는 것을 즐거운 경험으로 여긴다.'

질문을 던지고, 상대방이 편하게 이야기하도록 장을 조성하고,
그리고 상대방의 이야기에 대해 진정성 있는 태도로 경청하는 것.
이를 통해 당신은 그저 듣는 자에 머무는 것이 아니라
상대방에 대한 정보와 상대방의 성향을 파악할 수 있는
절호의 기회를 얻는다.
상대방은 이러한 당신을 신뢰할 만한 사람으로 여긴다.

누군가를 설득해야 할 때, 협상에서 승리해야 할 때,
이러한 방식은 큰 효과를 발휘한다.
'제발 제 말을 들어주세요.' 가 아니라
'당신의 이야기를 기꺼이 듣고 존중할게요.' 의 태도와 화법으로
당신은 오히려 놀라운 성과를 낼 수 있다.

성공한 사람들은 어떤 의미에서는 인간의 심리를 잘 이해하여
적재적소에 활용함으로써 성공한 것이라고도 할 수 있다.

오늘날 화술이 뛰어나거나 협상의 달인이라고 평가받는 사람들은 자기 주장을 선언하는 사람들이 아니라 질문을 많이 하는 사람들이다. 질문을 던져 상대방의 이야기를 듣고 이해하고 파악할 수 있다.

"어떤 사람을 내 사람으로 만들려면 먼저 당신이 그의 진정한 친구임을 확신시켜야 한다."

- 에이브러햄 링컨

우회적인 화법 사용하기

단정 짓거나 단언하는 방식은
의구심과 반감을 산다.
일방적 명령은
거부감을 불러일으킨다.
반면
단정하지 않고
다른 가능성을
열어놓는 방식은
거부감과 저항감을 줄여
동의와 협조를 구할 수 있다.

강력한 리더일수록, 성공한 사람일수록, 최고의 자리에 오른 사람일수록
단정적이고 단언 하듯이 힘주어 말하고, 명령하고, 지시하고,
때로 호통을 치거나 공포를 조성할 수 있어야 한다고 생각하는가?
그렇게 생각한다면 당신은
성공의 화법과 기본 태도를 완전히 오해하고 있는 것이다.
어쩌면 처음부터 다시 익혀야 할지도 모른다.

영향력이 큰 리더일수록, 성공한 사람일수록,
최고의 자리에 오른 사람일수록
단정 짓지 않는 방식으로, 명령이 아닌 제안하는 방식으로,
지시가 아닌 권유하는 방식으로 이야기한다.

당신의 말만이 무조건적으로 맞다는 식의 닫힌 태도, 그리고
호통을 치거나 공포 분위기 조성은 어느 경우라도 백전백패이다.

한 조직의 리더로서, 한 가정의 가장이나 가족구성원으로서,
누군가와 동입하거나 협업하는 관계에 있는 위치로서,
사람들에게 서비스를 제공하거나 설득해야 하는 위치로서,
당신이 어떤 위치에서 어떤 분야에서 무엇을 하더라도,
이 원칙은 어디에나 항상 적용된다.

당신이 맞다고
단언하지 말라.
다른 가능성을 열어두어라.

오직 내 생각만이 정답이라는 단정적이고 확정적인 태도는
내가 미처 생각하지 못한 다른 사람들의 지혜와 또 다른 정보를
미리 차단하는 것이나 다름없는, 소인배적인 태도다.

자신의 자존심이나 권위를 내세우지 않는 방식으로 오히려
자신의 자신감과 존재감을 드높이는 것이 진정한 능력이다.
확신하지 않는 대신 상대방의 의견을 구하는 방식으로 오히려
상대방과 가까워지고 긴밀해진다.

'내 의견대로 해야 해.' 가 아니라 '이렇게 하면 어떨까요?' 의 방식,
'그건 안 돼.' 가 아니라 '그런 의견도 있을 수 있겠군요.' 의 태도,
모든 가능성에 열린 자세로 임하겠다는 것을
알려주는 말과 태도를 구사하라.

사람들은 이런 화법과 태도를 구사하는 사람 앞에서 반감이 줄고
당신의 의견도 수긍하고 받아들일 마음의 준비를 하게 된다.
사람들은 이런 태도가 몸에 밴 사람과 함께 일하고 싶어한다.
이러한 우회적인 화술과 태도를 통해 '내 사람' 을 만들 수 있다.

강압적이지 않은 부드러운 화법과 소통 방식은 당신의 대인관계와 삶
전체를 변화시킨다. 이 방식으로 사람들을 대할 때 세상은 당신에게
신뢰와 협조라는 무수한 가능성의 문을 열어준다.

"부드럽게 걷는 사람이 멀리 간다."

- 중국 격언

약점을 친근함으로 활용하기

완벽해 보이던 사람이
어느 날 허술한 모습을
보여줄 때
사람들은 그를 더욱
가깝고 친근하게 느낀다.
빈틈없어 보이던 사람이
인간적인 면모를 보여줄 때
사람들은 그에게 더욱
동질감을 느낀다.

약점은 무조건 감춰야 할 무언가가 아니라
친화력의 매개체로 적극 활용할 수 있다.

강압적이지 않은 우호적인 화법으로 다가가는 것,
명령이 아닌 제안과 경청을 주로 사용하는 것,
내 말이 무조건 옳다고 확언하는 것이 아니라
먼저 상대방에게 질문을 하고 의견과 조언을 구하는 방식,
이런 것들은 모두 한 발 물러섬으로써 오히려

원하는 것을 더 풍부하게 얻을 수 있는 성공의 비결이다.

또한 이는 자신이 부족하거나 취약할 수 있음을
기꺼이 남에게 드러냄으로써
상대방과 더 많은 의사소통을 할 수 있는 방식이다.

설령 상대방보다 경험이 더 많고 더 많은 능력이 있다 할지라도,
누가 봐도 그것이 명백하다 할지라도
사람은 어떤 경우에든 또 다른 사람으로부터 새로운 것을 배울 수 있다.

더 능력 있고 더 연륜이 있으니 배울 필요가 없는 게 아니라
더 능력 있고 더 연륜이 있음에도 불구하고
오히려 다양한 다른 사람들과 다를 바 없이 더더욱 배우겠다는 태도,
모든 것을 기꺼이 배우고 습득하고 나누겠다는 겸허한 태도가
당신을 더 돋보이게 만들고 친화력 있게 만든다.

취약점을 감추려다.
오히려 드러낼 수 있다.

그래서 성공한 사람들은 자신이 모르는 것, 자신 없는 것, 부족한 것을
기꺼이 오픈하고 내보인다.

그저 가식적으로 내보이는 것이 아니라, 진심으로 상대방에게서
배우겠다는 태도를 바탕으로 자신의 취약성을 드러낸다.

사람들은 그런 그를 무시하고 얕잡아보는 것이 아니라
동등한 인간으로 느끼면서도 존경심을 갖게 되고
기꺼이 자신이 가진 정보를 제공해 협력하고자 한다.

조금 부족한 점을 드러낼 때 상대방은 자신과의 공통점을 발견하고
친근감과 호감을 느끼게 된다. 동떨어진 사람이 아니라고 느끼고
오히려 더 믿을 만한 사람으로 여긴다.

그러므로 함께 협력해야 할 사람들에게 당신의 빈틈을 기꺼이 보여주어라.
그 대신 매 순간 배우고자 하고, 질문하고, 부드럽게 요청하고,
당신이 변함없이 노력하는 사람이라는 것을 자연스럽게 드러내라.

권위를 내려놓되 당당함을 잃지 않고,
한 발 물러서되 진정성 있는 관심과 이타성을 잃지 않으며,
설득하지 않음으로써 오히려 설득력을 발휘하는 것이다.

취약점과 겸허함을 드러내는 것은 성실함과 능력을 드러내는 것과
늘 동시에 이루어져야 한다.

평소 성실하지 않은 사람이 약점을 드러내면 신뢰가 떨어지겠지만
평소 성실하고 진정성 있으며 능력을 발휘하는 사람이 약점을 드러내면
오히려 신뢰도가 높아지는 것이다.

이것이 성공하는 사람의 소통방식이자 영향력이다.

권위주의는 상대방을 당신으로부터 멀어지게 만든다. 반면 권위를 내
려놓고 약점을 보여주는 것은 상대방을 내 쪽으로 끌리게 하는 데 도
움 된다. 단, 진심과 진정성을 담아라.

"타인을 공격할 때마다 우리는 한 명 한 명 내 목숨을 구해줄 수도 있는 귀한 사람들
을 잃는다."

- 제인 맥고니걸

6장

잠재력을
현실로
이끌어내는 비결

긍정적 예언의 놀라운 힘

모든 사람에겐
그 사람만의 고유의
잠재력이 있다.
그것을 이끌어내기 위해서는
스스로에게
긍정적 기대감을 가져야 한다.
기대를 구체화하고
자신에게 말해주고
자신의 성공을 예언하라.
이는 놀라운 힘을 발휘한다.

일찍이 인간은 '자기충족예언'에 대한 놀라운 효과를 알고 있었다.
긍정적인 기대를 하면 긍정적으로 풀리고,
부정적인 기대를 하면 부정적 일이 벌어지는
심리적 효과를 자기충족예언(self-fulfilling prophecy)라고 한다.
철학자 칼 포퍼도, 예언하는 사람의 예언의 내용 자체가
실제 성취에 결정적인 영향을 끼친다고 이야기한 바 있다.
비슷한 말로는 자성적 예언, 피그말리온 효과, 로젠탈 효과 등이 있다.

'피그말리온 효과' 는 자신이 만든 조각상과 사랑에 빠진

조각가 피그말리온의 신화로, 사랑하는 조각상이

살아 숨 쉬는 여인이 되길 그가 간절히 바라자 그

간절한 마음에 신이 감동하여 생명을 불어 넣어주었다는 이야기이다.

20세기 심리학자들은 이러한 긍정적 예언의 놀라운 효과를 실험으로

입증했다.

1968년 하버드 대학교 심리학 교수 로버트 로젠탈이

초등학생들을 대상으로 시행한 실험에 따르면, 교사가

특정 학생들에게 잠재력이 있다고 믿고 관심과 기대를

제공했더니 1년 후 해당 학생들의 지적 능력과 실제 점수가

크게 향상했다는 것이다.

해당 학생들은 지능이나 성적과 상관없이 무작위로 뽑은 학생들이었다.

이는 성인을 대상으로 한 실험에서도 마찬가지로 나타났다.

군대에서 소대장이 자신의 수하에 있는 훈련병들에게

잠재력이 있다고 믿는 경우

그들은 다른 병사들보다 높은 성과를 보였다.

이처럼 학교에서, 군대에서, 조직에서, '자기충족예언' 은

놀라운 효과를 나타낸다.

잠재력이 있다고 믿어주면
정말로 잠재력이 발현된다.

리더나 지도자가 '넌 잘 할 거야, 넌 잠재력이 있어.' 라는 믿음을 갖게 되면
그 리더는 해당 구성원들에게 좀 더 관심을 기울이게 되고,
더 도전적인 과제를 달성할 수 있도록 독려하게 되며,
작은 진전에도 더 많은 격려를 해주게 된다.

이러한 관심과 격려를 받은 구성원들은 스스로도
긍정적인 기대를 갖게 되고
지금의 부족한 모습에 금세 좌절하는 것이 아니라,
비록 지금은 아직 부족하더라도 앞으로 더 잘할 수 있는 잠재력이
있을 거라고 믿게 된다.
이 믿음이 노력으로 이어지고,
결국 실제 성취와 발전으로 이어지는 것이다.

잠재력에 대한 타인의 믿음과 기대, 그리고 자기 자신의 믿음은
수면 아래 잠들어 있던 잠재력을 끌어올리는 놀라운 동력이 되어준다.
더 잘하게 될 것이라는 믿음, 더 잘 될 것이라는 내면의 예언은
인간의 능력을 극대화시켜 그 예언을 충족시키는 방향으로
나아가게 만든다.

가능성은 선별하는 것이 아니라
모든 사람에게 있는 것이다.

잠재력에 대한 자기충족예언은
현재 발현되는 능력이 뛰어나거나 일이 잘 풀리고 있어서 하는 것이 아니다.
지금 잘하고 있으니 앞으로도 잘할 것이라고 기대하는 것이 아니고,
지금 현재의 능력과는 상관없이 어떤 경우에도 하는 것이다.

떡잎이 커 보여서 긍정적으로 예언하고 기대하는 것이 아니라,
그저 모든 싹에게 긍정적으로 예언하고 기대하는 것이다.
기대하지 않으면 아무 것도 일어나지 않기 때문이다.

이는 타인에게도, 그리고 자신에게도 적용된다.
누군가를 이끌어야 하는 리더나 상사라면 동료와 아랫사람의 잠재력을
믿어줌으로써 그들이 자기 자신의 최고의 능력을 이끌어낼 수 있도록
기다리고 독려한다.

자기 자신에게도 마찬가지이다.
스스로를 깎아내리거나 자책하는 것, 혹은
타인에게와 달리 자신에게만 유독 가혹한 잣대를 들이대는 것을 멈추고,
자신을 마치 아직 다듬어지지 않거나 발견되지 않은

원석인 것처럼 여기는 것이다.

자신에 대한 기대치가 낮으면 낮은 만큼 동기가 낮아지지만

자신에 대한 기대치를 높이고 앞날에 대한 긍정적 예언을 할수록

동기부여가 되고 에너지를 얻는 선순환이 이루어진다.

자기패배적이고 비관적인 예언을 멈춰라. '난 안 돼, 내가 될 리가 없어.' 라는 말 자체가 당신의 잠재력과 가능성을 얼어붙게 만든다.

"자신을 비참하게 만들 수도 있고 강하게 만들 수도 있다.

들어가는 힘은 둘 다 똑같다."

- 카를로스 카스타네다

정해진 건 아무 것도 없다

말콤 글래드웰의 1만 시간의 법칙은
어떤 분야든 한 분야에서
전문가가 되기 위해서는
1만 시간의 반복된 연습이
필요함을 의미한다.
즉 성공은 단지
재능이나 운의 문제라기보다는
긴 시간 동안의 꾸준함,
포기하지 않는 투지,
그리고 이를 가능케 하는
동기부여의 문제다.

성공한 사람들을 끝까지 포기하지 않도록 한 것은 무엇인가?
그들은 자신이 마침내 성공하리라는 것을 처음부터 알고 있었을까?
온갖 방해물에 굴복하지 않고, 그만 두라는 주변의 만류를 뿌리치고
계속 포기하지 않고 나아가게 한 힘은 무엇이었을까?

우리는 위인전이나 성공한 사람들의 스토리를 접하면서

마치 그들은 처음부터 성공할 운명으로 정해져 있었던 것처럼 착각한다.
혹은, 그들은 어렸을 때부터 워낙 재능이 출중했기 때문에
조금만 노력해도 성공할 수밖에 없었던 것처럼 보이기도 한다.
그러나 과연 그럴까?

우리는 '될성부른 나무는 떡잎부터 알아본다' 는 말에 익숙하다.
인간의 재능과 성공에 관한 예전의 관념은
어떤 분야에서든 재능이 먼저이고 동기부여는 그 다음이라고 여겼다.
그래서 학교나 기업에서 인재를 키우고자 할 때도
재능이 엿보이는 소수의 인원을 선발하여 그들을 지원하고
교육하는 것을 기본으로 여겼다.
예술이나 체육 분야에서 영재교육을 하는 이유도, 어렸을 때부터
능력이 돋보이는 사람을 발굴해 그들을 적극
훈련시키는 것을 재능 발굴의 기본 원리로 여기기 때문이다.

처음부터 성공이
정해져 있었던 사람은
아무도 없다.

그러나 최근에는 이러한 원리가 인간의 잠재력을 발굴하는 데
효과적이지 않다고 보는 추세이다.

왜냐하면 각 분야에서 큰 성공을 거둔 인물들 중에 상당수가
제도권의 교육시스템이나 기존의 조직에서 일찍이 주목받지 못했거나
심지어 '재능 없다, 가능성이 별로 없다' 라고 평가 받은 사람들로
속속 드러났던 것이다.

그래서 어느덧 우리에게는, 학교를 중퇴했거나,
큰 대회에서 탈락했거나, 좋은 회사에서 적응하지
못한, 그러나 누구보다 성공한 사람들의 이야기들이
점점 익숙해지게 되었다.
즉, 제도권에서 일찍 발현된 재능만을 가지고 잠재력을 키우는 방식은
그 출발선부터가 잘못된 것임이 밝혀지고 있다.
사람의 잠재력이 언제 꽃을 피울지는 아무도 모르기 때문이다.

각 분야에서 독보적으로 성공한 사람들의 성공 원리를 추적하다 보면
놀라운 진실이 드러난다.
뛰어난 연주가가 연주에 대한 동기부여를 잃지 않을 수 있었던 것은
동네 피아노 학원에서 만난 평범한 교사의 따뜻하고 긍정적이며
흥미로운 가르침과 믿어주는 태도 덕분이었다.

잠재력을 발굴한다는 것은 이런 것이다.
네게 특별한 재능이 있으니 잘하게 될 것이라고 말해주는 것이 아니라,

그 누구라도 믿어주고 흥미를 키워주고 긍정적인 기대를 제공하는 것,

재능이 먼저가 아니라 동기가 먼저임을 아는 것,

이런 환경이 주어질 때

인간은 누구라도 자신만의 잠재력을 꽃피울 수 있다.

능력치의 차이가 있을 뿐, 사람은 누구나 타고난 재능을 펼칠 수 있다. 누구나 어딘가에서 중요하고 유용하게 쓰일 수 있으며, 적재적소의 자신의 자리가 있다. 그러니 성공과 실패가 처음부터 정해져 있다고 믿지 마라. 정해져 있는 것은 아무 것도 없다.

"재능이 기회를 만든다는 말이 있다.

그러나 때로는 강렬한 열망이 기회뿐만 아니라 재능도 만들어낸다."

- 에릭 호퍼

타고난 재능보다
끈기와 투지가 중요하다

탁월한 재능을 가졌음에도 불구하고
실패의 나락으로 떨어진 이야기들을
이미 많이 알고 있을 것이다.
재능이 없기 때문에
성공하지 못할 거라 생각하는가?
반대로, 재능이 있으니
저절로 성공할 거라 생각하는가?
당신이 경계할 것은
재능 없음이 아니라, 오히려
재능 있음으로 인한 자만이다.

사실 성공의 요소에 있어서 '재능' 은 그 중요성이 점점 줄어들고 있다.
예전에는 재능 있는 사람들의 독보적인 모습에 현혹되어
하늘이 내린 재능이 마치 신의 영역인 것처럼 여겨지곤 했다.

이전의 시대에 천재를 신격화했던 이유는
그때는 잠재력을 꺼낼 수 있게 해주는 기본적인 교육과 배움과 정보의 기회가 많은 사람들에게 골고루 주어지지 못했기 때문이다.
그래서 소수의 재능이 범접할 수 있는 영역인 것처럼 여겨졌다.

그러나 다원화되고 교육 기회가 많아진 사회일수록,
재능 있는 사람은 너무나 많다.
특히 우리나라는 재능 있는 사람들이 많은 나라로 꼽히곤 한다.

고개를 들어 주변을 둘러보라.
혹은 다양한 매체를 접해보라.
두뇌가 우수한 사람, 노래를 잘하는 사람,
춤을 잘 추는 사람, 운동을 잘하는 사람,
영상을 잘 찍는 사람, 글을 잘 쓰는 사람,
첨단 기술에 능한 사람….
각 분야에서 될성부른 커다란 떡잎을 가진 이들이
너무나도 많음을 알 수 있다.
때문에 이제 재능은 그 자체만으로는
성공을 보장해주는 요소라고 하기 어렵다.

오늘날 성공과 행복, 성취를 이룬 사람들은
재능 때문에 잘 된 것이 아니다.
그보다는 자기가 하고자 하는 분야에서 흥미를 잃지 않고,

끊임없이 자기 내면에서 동기부여를 받으며,
자신이 가장 하고 싶은 것을 하기를 멈추지 않았기 때문에
성공한 것이다. 중요한 것은 재능 자체가 아니다.
크든 작든 자기 능력의 최대치, 즉 고유의 잠재력의 최대치를
이끌어낼 때까지 멈추지 않고 포기하지 않는 투지와 근성이다.

장기적인 최종 목표를 향해 부단히 나아가는 것을 의미하는
근성, 끈기, 투지는 성공한 사람들이 갖고 있는
대표적인 속성 중 하나로 알려져 있다.

성공한 사람들은
타고난 재능보다
끈기와 투지를 갖고 있다.

그렇다면 어떻게 근성과 끈기를 키워 잠재력을 이끌어내는가?
세계적인 운동선수나 예술가가 처음에 어떤 경험을 했는지를 살펴보자.
우리는 대부분 그들이 '타고난 재능이 출중해서' 라고 생각하기 쉽다.
그러나 면밀히 살펴보면 그들은 흥미와 동기를 이끌어내는
따뜻한 지도자를 만났다는 점이 남들과 달랐다.

그들의 지도자들은 배움과 훈련 자체에 끊임없이 재미와 흥미를

느끼도록 하고, 애정 어린 칭찬과 인정을 아끼지 않음으로써
심리적 보상을 제공했다.

그리고 부단히 연습하고 훈련해야 하는 동기를 자기 안에서 끌어
올리도록 했다. 기계적인 훈련으로 재능이 키워진 것이 아니라
훈련과 연습을 꾸준히 지속하게 해줄 투지와 끈기를 유발하는 방법을
가르친 것이다.

어느 분야에서든 성공에 이르려면 끈기와 투지가 멈춰지지 않아야 한다.
자신의 능력이 최대치로 펼쳐진 모습을 상상하고,
현재 자신이 달성한 것보다 조금 더 높은 목표치를 설정한다.
긍정적인 가능성을 예측하고, 앞으로 나아가는 과정 자체에서
재미를 느끼며, 이 모든 과정 자체에서 새로운 동기가 부여되어야 한다.

성공하는 삶이란 결과와 상관없이 흥미와 동기, 투지가 멈추지 않는
삶이다. 멈추지 않는 것이 너무나 흥미롭기에 멈추지 않는 것이다.
"세상 그 무엇도 끈기의 자리를 차지하지는 못한다."

- 캘빈 쿨리지

잠재력은 믿는 만큼 커진다

잠재력은
능력의 문제가 아니다.
잠재력은 믿음의 문제이자,
가능성의 문제이다.
당신 자신의 잠재력을
당신이 믿으면
바라는 미래가 현재가 된다.
당신 자신의 잠재력을
당신이 믿지 않으면
바라는 미래는 오지 않는다.

뭔가를 꾸준히 지속한다는 건 때로 힘에 부치게 마련이다.
원하는 결과가 빨리 눈에 보이지 않을 때,
기대한 만큼 성과를 내지 못할 때,
연달아 실패할 때, 처음의 열정과 열망은 온데간데 없어지기도 한다.

처음에는 누구나 자신의 능력을 의심하고 불안해하며
때로는 나보다 더 능력이 출중한 다른 사람들과 비교도 하게 되어

쉽게 좌절할 수 있다.

스스로 재능 있다고 여겼던 마음도 사라지고,
미래에 대한 확신이 사라지며, 불신과 의심이 점점 커진다.
마치 자신의 고유의 잠재력에 대한 믿음이 신기루였던 것처럼 말이다.
이 좌절감을 견디지 못할 때 사람은 포기라는 선택을 하게 마련이다.

직업이든, 사업이든, 기술을 연마하는 일이든, 몸을 훈련하는 일이든
시작할 때도 힘들거니와, 시작하고 나서 첫 몇 년간,
아직 결과가 뚜렷하게 나타나지 않은 상태에서는
누구나 힘들다는 것을 기억하라.

아이러니컬한 것은, 이러한 시기는
성공한 사람들에게도 반드시 있다는 점이다.
한 가지 다른 점은, 끝끝내 성공한 사람들은 이 시기를
기승전결과 '기' 정도로 이야기하거나, 터닝포인트로
회상한다는 것이다.
심지어 이 괴로운 시기를 가장 끔찍했으나
가장 드라마틱했던 경험으로 뿌듯하게 이야기하기도 한다.
그 경험 덕분에 지금의 자신이 있었다고들 이야기한다.

잠재력을 방해하는 것은
자기 의심이다.

그들은 이 시기를 견디면 성공하리라는 것을 처음부터 알고 있었을까?
결코 그렇지 않다.
다만 그들은 포기하고 싶었던 시기의 괴로움을 통해 오히려
도전정신과 극기심, 꺾이지 않는 마음을 키울 수 있었다고
말하는 것이다.

그러므로 사람의 능력과 잠재력이란, 그리고 앞날의 가능성이란,
정해져 있는 것이 아니라 믿음의 문제이자 견디는 힘의 문제이다.

때문에 무수한 실패로 인해 섣불리 자신을 포기해서는 안 된다.
실패로 인한 좌절감에 속아서는 안 된다.
자신의 잠재력과 가능성에 대한 믿음을 부여잡고,
고통의 시간들을 당신의 이야기의 가장 극적인 부분으로 만들어라.
그래서 새로운 동기부여를 생성할 수 있고, 행동할 수 있다.

누구에게나 성공은 쉽게 나타나주지 않는다.
성공의 결과를 얻어내기까지는 그것이 어떤 분야의 어떤 일이든
1만 시간, 혹은 그 이상의 극기와 투지의 시간이 필요하며,

자신의 잠재력에 대한 무한하고 확고한 믿음이 필요하다.

믿지 않는 한, 의심과 불안은 끊임없이 생겨날 것이다.

당신이 무엇에 흥미를 느끼는지 명확히 인지하라.

지금까지 나타난 능력치 너머의, 숨겨진 잠재력이 있음을 확신하라.

다른 사람과 비교할 수 없는 자신만의 가치관과 신념을 세워라.

믿지 않는 한, 원하는 곳에 다다르는 것은 불가능해질 것이다.

계속해서 나아가지 않으면 당신의 잠재력은 사장될 것이다.

모든 인간은 잠재력으로 빛나는 존재들이다. 원하는 결과가 나오기를 기다리고 인내하되, 언젠가 원하는 일이 이루어질 것임을 예언하고 오늘 할 수 있는 일을 하라. 지금은 아무 것도 보이지 않는 것처럼 느껴진다 하더라도 포기하지 마라.

"스트레스와 고난의 시간은 발전의 씨앗이 뿌려지는 기회의 계절이다."

- 토머스 F. 우드록

능력과 잠재력에 대한 7가지 진실

1. 잠재력 있는 사람이 따로 있는 것이 아니라 모든 이에게 저마다의 잠재력이 있다.
2. 잠재력은 믿는 만큼 발현된다.
3. 타인의 믿음과 관심, 자기 자신의 믿음이 잠재력을 끄집어내 준다.
4. 자신에 대한 긍정적 예언은 긍정적 결과를, 부정적 예언은 부정적 결과를 불러 일으킨다.
5. 재능을 선별하는 방식은 생각보다 효과적이지 않다.
6. 잠재력을 키워주는 것은 흥미와 동기를 죽이지 않는 데서 비롯된다.
7. 재능보다는 끈기와 투지가 성공에 더 크게 기여한다.

7장

끝까지
해내는
마음의 비결

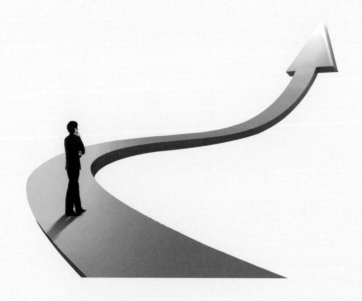

당신의 경험이 자산이다

성공은 당신이
능력과 자원을 얼마나
가졌느냐가 아니라
당신이 어떤 태도와
어떤 마인드로
인생에 임하느냐에 달렸다.
자기패배적인 사람이
성공하는 예는
한 번도 없었다.

기발한 아이디어로 새로운 물건을 발명한 발명가는
일상생활에서 불편한 경험을 했기 때문에 그 물건을 만들었다고 말했다.

재무설계 관련 업종에서 자리 잡고 전문가로 성장한 어떤 사람은
일찍이 젊었을 때 돈과 관련된 큰 실패경험으로 인해
어마어마한 좌절과 인생의 나락으로 떨어지는 고통을 경험했다고,
그렇기에 돈을 어떻게 설계할지의 중요성을 너무 잘 알기에

이 일을 시작해 다른 사람들을 도울 수밖에 없었다고 말했다.

장애아동을 위한 교육 프로그램을 만든 한 사회복지 전문가는
장애가 있는 자신의 자녀를 키운 경험으로 인해, 같은 처지의
가족들에게 무엇이 필요한지 너무 잘 알기에 이 일을
할 수 밖에 없었노라고 말했다.

이처럼 개인의 독특하고 유일무이한 경험,
그중에서도 특히 좌절하거나 불편했거나 실패했던 경험들은
그 어떤 큰돈이나 보석과도 바꿀 수 없는 어마어마한 자산이 된다.

모든 경험이
성공의 자산이 된다.

경험을 경험으로만 남겨두지 않고 다른 사람을 위해
널리 이롭게 쓰이도록
포기하지 않고 노력하고 계발한 덕분이다.
좌절의 경험을 원망으로만 남겨두지 않고
극기와 투지를 발휘한 덕분이다.

당신은 어떤가?

당신에게도 당신만의 고유한 어떤 경험들이 있었을 것이다.
오로지 당신이라서 경험한 많은 것들을 통해
엄청난 것들을 배웠을 것이다.
그 경험에 관한 한, 당신은 누구보다 뛰어난 전문가일 것이다.

특히 그 경험이 고통과 좌절과 실패에 관한 것이라면 더더욱
그러할 것이다.
물론 그 당시에는 당신이 왜 그 고통을 겪어야 하는지,
왜 당신한테만 그런 일이 닥쳐야 하는지 이해하기 어렵고
그런 인생이, 이 세상이 원망스럽기만 했었을 수도 있다.

그러나 당신은 알고 있다.
그 시기를 헤쳐 나와 고통을 극복한 경험 자체는 무엇으로도
바꿀 수 없음을.
그 시기를 겪고 살아낸 자기 자신은 그 이전보다 더 강한 사람이 되었음을.

만약 알지 못한다면, 다시 깨닫기 바란다.
당신이 힘들어 했던 모든 경험들 사체가 대체불가한
당신의 자산이자 힘임을.

그리고 이 경험을 살려 타인을 돕거나 긍정적 영향을 끼치고자 하는

진실하고 선한 의도를 알아차리고 이를 실천에 옮길 때,

알게 모르게 당신의 삶은 성공한 자의 그것임을.

실패나 좌절의 경험을 했을수록 당신은 성공할 가능성이 높다.

당신의 독보적인 성공 스토리는 거기서 시작한다.

실패와 고통의 한가운데에서 헤쳐 나온 경험이 있는 사람들은 다른 사람의 삶에 큰 도움과 영향을 끼칠 수 있는 잠재력을 보유한 것이다. "승자가 되려면 가장 쉬운 것부터 시작하라.반드시 천천히 하라. 서두르지 마라."

- 크리스토퍼 소머, 미국 체조 국가대표 코치

배움은 학창시절에 끝나지 않는다

당신이 학교에서 배운 것은
아주 작은 부분에
지나지 않는다.
당신이 아무리
많은 경험을 했어도,
당신이 알고 있는 것이
전부가 아닐 수도 있다.
성공한 사람들은
자신이 다 알고 있다고
자만하지 않는다.
자만하는 사람들은
곧 바닥이 드러난다.

성공자의 공통점 중 하나는 바로 호기심이 끊이지 않는다는 점이다.

아무리 돈을 많이 벌었어도, 아무리 자기 분야에서 일가를 이뤘어도,
아무리 높은 학위를 취득하고 많은 경험을 하고 많은 것을 알고 있어도,
새로운 사람을 만나고, 새로운 정보를 얻고, 새로운 것을 알게 되면

마치 학교에 처음 들어간 신입생처럼 눈을 반짝이며 배우고자 하고,
궁금해 하고, 순수한 마음으로 질문을 하고,
자신이 알지 못하는 새로운 지식이나 최신 트렌드에 대해
활짝 열린 자세로 받아들이려 하는 사람이 있다.

그는 어린 아이에게서도 배우려고 한다.
새로운 책들을 끊임없이 읽고, 최신 정보를 검색하며,
다른 사람의 강연을 듣고, 다른 분야의 전문가들의 말에 귀 기울인다.
자신과 다른 삶의 방식을 사는 사람들을 이해하려 노력하고,
자신이 알지 못하는 분야의 사람을 만나면 먼저 묻고 배우려 한다.

이런 사람들에게 있어 배움은 평생에 걸쳐 진행형이다.
그가 만나는 모든 사람들이 자신의 선생인 것처럼 대하고,
그가 가는 모든 장소가 학교인 것처럼 행동한다.

평생 배우고 받아들이기를 멈추지 않는 사람들은
자기 분야에서 큰 성공을 거뒀다 할지라도, 거기에 안주하지 않는다.
자신이 모든 것을 다 알고 있다고 생각하지도 않는다.
그는 인간의 지혜라는 것이 '다 아는 것'이 아니라
'끊임없이 배우는 것'에서 온다는 것을 잘 알고 있다.

더 이상 배우지 않아도
되는 사람은
아무도 없다.

물론 그렇지 않은 사람들도 많다.
높은 지위나 직책에 오르거나, 큰 돈을 벌었거나, 큰 명성을 얻고 나면
더 이상 배울 것이 없다고 생각하고, 자신이 다 안다고 생각한다.
새로운 정보나 최신 트렌드를 알려 하지 않고, 자신이 그동안
많이 경험했으니 세상 이치에 통달했다고 자만한다.

자신보다 나이가 적거나 경험이 부족한 사람들을 보며 우월감을 느끼고
자신이 알고 있는 것만이 세상 지식의 전부인 양, 남들을 가르치려 든다.
'나도 다 해봤다, 내가 다 안다.' 는 말을 입버릇처럼 달고 산다.
그리고 누군가가 그에게 새로운 것을 알려주거나 정정해주려 하면,
마치 자신의 권위가 침해당한 양 불쾌해 하거나, 받아들이기를 거부한다.

이런 닫힌 태도로 인해 그의 주변에는 우호적인 협력자들이 멀어지고,
좋은 정보를 제공해줄 수 있는 참신한 인재들도 밀어진다.
그 대신 그의 명예나 부에 대해 아첨하는 사람들만 늘어난다.
그 결과 그는 점점 최신 정보에 어두워지고,
과거의 영광 속에서만 사는 것이다.

당신은 어떤 사람이 되고 싶은가?

성공을 당신의 삶 자체로 흡수하기 위해 다음을 점검해보라.

첫째, 지난 1년 동안, 적어도 한 달에 한 권 이상의 책을 읽었는가?

둘째, 최신 저널이나 전문 칼럼을 매주 탐독하는가?

셋째, 자신의 분야, 혹은 모르는 분야의 전문가 강연을 자주 듣는가?

넷째, 새로 알게 된 지식이나 정보를 메모하는 습관이 있는가?

다섯째, 새로 만난 사람들을 통해 새로운 것을 배우는 것을 즐기는가?

어디에 있든, 어디에 가든, 누구를 만나든, 배우고 발견하고 받아들이고 기록하라. 당신의 성공이 평생에 걸쳐 이어지게 하라. 매 순간 학생이 되어라. 배우고 때때로 익히니 또한 기쁘지 아니한가(學而時習之不亦說乎)

- 논어

최고의 지식인이 되어라

무언가에 대해
밤새도록 이야기할 수
있는 분야가 있는가?
그것을 전혀 모르는
사람에게도 알기 쉽게
설명할 수 있을 정도로
통달해 있는 것이 있는가?
그 분야를 이야기할 때,
그 순간 만큼은
두 눈을 반짝이며
열변을 토하는
최고의 열정 강사가 되는가?

'한 우물을 파라' 라는 말이 오늘날에는 맞지 않는 것처럼 보일 수도 있다.
어느 한 분야만 하기보다는 '멀티플레이어' 가 되어야 하는 경우가
많기 때문이다.

평균수명은 길어졌고, 평생직장이라는 말은 사라졌다.

평생 여러 개의 직업을 가져야 할 수도 있고,
생애주기에 따라 새로운 직업교육을 받아야 할 수도 있다.

그러나 그럼에도 불구하고 자신이 성공하고 싶은 분야에 대해
끝까지 탐구하고 끝까지 해내고자 하는 의지와 동기, 열정,
그리고 남다른 전문성은 반드시 필요하다.

평생 오로지 한 우물만을 파야 하는 것은 아니지만,
하나를 팔 때에는 그때만큼은 끝까지 파서 전문성을 확보하는 것이다.

예를 들어 어떤 사람들은 금광을 찾기 위해 땅을 파기 시작하다가
예상한 만큼 금이 빨리 발견되지 않으면 금세 포기하고
다른 곳으로 이동한다.
새로운 곳에서도 금이 별로 나오지 않자 또 다시 이동하기를 반복한다.

결과적으로는 쉬지 않고 땀 흘려 삽질을 하긴 했으나
여기저기 파다 만 얕은 구멍만이 즐비할 뿐,
끝까지 깊이 파고 들어간 곳은 한 군데도 없는 셈이다.

적어도 한 가지에 대해
깊이 파고들어 보기

반면 이와 다른 유형의 사람들은 금광을 찾고자 할 때
예상한 만큼 금이 빨리 발견되지 않더라도
한 군데에 집중해 끝까지 깊이 판다.

조금 시간이 걸리더라도 깊이 파다 보면 금맥을 발견할 수도 있고,
적어도 자신이 파고 들어간 그 지점에 대해서 만큼은
많은 정보를 얻게 된다. 그래서 이 지점을
자신의 성공의 베이스캠프로 활용할 수 있게 되는 것이다.

더 이상 동기도 의지도 열정도 없는 분야에 머물러 있지 않고
다른 지점으로 이동하는 것도 용기이자 지혜이며 결단력이다.

그러나 적어도 한 지점, 한 분야에서 전문가이자 지식인이 될 정도로
끝까지 파고 들어가 본 경험은 삶에서 평생 유용하게 쓰일 것이다.
비록 실패할지라도, 그 경험이 당신의 토대가 되어줄 것이기 때문이다.

그러므로 어떤 분야를 선택하든 한 번쯤은
끝까지 파고드는 투지가 필요하다.

성공한 사람들은 한 분야에 깊이 집중해본 경험이 있는 사람들이다.
누군가에게 그 분야에 대해 이야기할 때 열변을 토할 수 있고

자신 있게 알려줄 수 있을 정도의 지식인이자 전문가가 되어본
사람이라면 추후에 다른 분야로 옮겨가더라도,
나중에 전혀 다른 일을 하게 되더라도, 깊이와 집중,
전문성의 경험 자체가 그 사람의 독보적인 자산이 된다.

그러므로 살면서 한 번쯤은 끝까지 해낼 필요가 있다.
한 번 할 때 끝까지 파고 들어가 완전히 해내는 경험이
누구에게나 필요하다.
완전한 전문가가 되고 누가 물어봐도 대답해줄 수 있는 지식인이
되어보는 것이다. 그런 다음에는 설령 그 분야에서 실패하더라도
그것은 실패가 아닐 것이다.

한 분야의 숙련자가 되어보라. 끝까지 파고들며 땀을 흘려보라. 누가
알아주든 알아주지 않든, 집중하여 최고의 지식인이 되어보는 그 자체
의 기쁨을 맛보라. 그런 경험이 당신의 성공의 토대가 되어준다.
"때로는 우리가 되고자 하는 존재를 우리 스스로 만들어야 한다."

- 게리 웨이츠먼

당당한 강연자가 된 자신을
이미지 메이킹하라

당신은 자기 자신의

가치를 어떻게 평가하는가?

자신을 충분히 존중하는가?

자신을 인정하는가?

중요한 존재로 여기는가?

자신의 당당하고 빛나는

모습을 떠올릴 수 있는가?

혹은 '고작 내가 어떻게' 라고

생각하는가?

당신의 가치는

남이 아니라

당신 자신이 정한다.

한 분야에서 최고의 성과를 거둔 사람들은

자신이 성공하리라는 것을 처음부터 알고 있었을까?

그들은 처음부터 자신감으로 충만했을까?

마치 성공의 운명이 정해져 있음을 아는 것처럼 확신이 있었을까?

꼭 그렇지는 않다.

최고의 위치에 오른 사람들도 처음에는 다른 사람들과 다르지 않았다.

결과에 대해 확신할 수 없었고, 꼭 자신감이 있는 것도 아니었다.

성공한다는 미래의 결말을 먼저 보고 온 것도 아니기 때문이다.

정해져 있는 게 아무 것도 없기는 그들도 마찬가지였다.

다만 자신을 존중하고, 자신의 존재 가치를 소중히 여기고,

외부의 평가가 박하더라도 그것만이 자신의 영원한 가치인 것처럼

여기지 않을 때, 즉 현재의 위치와 상관없이 자기를 잃지 않고

자존감을 잃지 않을 때 성공을 향해 계속 나아갈 수 있게 되는 것은

분명하다.

자신감과 확신이 있지 않음에도 자기를 잃지 않기 위해서는

자신이 하고자 하는 분야와 자신이 달성하고자 하는 일에 대해

뚜렷한 가치관과 높은 소명의식이 있어야 한다.

자신의 삶에 관한 한
당신은 전문가이다.

자신의 일이 더 많은 사람들에게 좋은 영향을 끼치길 바라는

열정과 열망, 자신이 피땀 흘려 확보한 전문성을 통해

이 세상에 헌신하고자 하는 의지가 자신만의 소명의식으로

자리매김했을 때, 그 사람은 성공의 결과에 대한 확신이 없더라도,
자신이 성공을 하게 될지 아닐지 전혀 알 길이 없더라도,
자존감과 자기 가치감, 그리고 신념을 잃지 않고 노력을 기울일 수 있다.

그래서 자신에 대한 가치관이 분명한 사람들은 어떻게 해서든
성과를 내고야 만다.
결과와 상관없이 헌신을 다한다.

남이 아닌 자기 자신이 자신의 가치를 알아주지 않는다면,
자신의 소명의식을 소중하게 여기지 않는다면,
그는 외부의 평가에 일희일비하느라 인생을 허비할 것이다.

자신의 모습을 이미지 메이킹 해보라.
세계적인 TED 강연의 강연자가 된 것처럼,
유명한 프로그램의 강사가 된 것처럼
많은 청중들에게 감동과 영감과 값진 정보를 주고 있는
자신의 모습을 떠올려 보라.

당신이 일군 것들에 대해 강력한 메시지를 전달할 수 있도록
가장 효과적인 방법으로 이야기를 풀어나가는 모습을 상상하라.
그러기 위해 평소에도 공부와 메모를 하고, 자료들을 수집하여,

큰 강연의 원고를 써나갈 수 있을 정도가 될지 생각해보라.

'내 주제에 어떻게 강연을?' 이라는 의심과 패배감은
성공의 문을 닫아버린다.
무기력하고 자괴감 가득한 사람, 자기 가치를 평가절하 하는 사람이라면
어떤 분야에서든 성공하기가 어렵다.

당신은 당신이 한 경험과 노력의 전문가이다.
그리고 당신의 신념과 열망을 바탕으로
더 많은 이들에게 도움 되는 인재가 될 수 있다.

성공에 대한 확신이란 결과에 대한 확신이 아니다. 자신이 중요시
하는 가치와 소명에 대한 확신에서 노력에 대한 동기가 부여되는
것이다.
"우리를 행동하게 하는 것은 이성이 아니라 신념이다."

- 알렉시스카렐 박사

경험을 성공의 초석으로 만드는 7가지 조언

1. 실패나 좌절의 경험은 어떤 경우에도 반드시 쓸모가 있다.

2. 실패한 경험일수록 자신과 타인을 위해 활용할 수 있다.

3. 모든 경험, 만나는 모든 사람은 배움의 장이자 스승이다.

4. 배울 게 더 이상 없다고 생각된다면, 뭔가 잘못 살고 있는 것이다.

5. 관심 있는 무언가에 대해 최고의 전문가가 되어라.

6. 한 분야에 대해 깊이 파고들어본 경험은 다른 분야에서도 유용하게 쓰인다.

7. 자신이 배우고 습득한 것을 누군가에게 자신 있게 설명하고 재미있게 이야기할
   수 있을 정도가 되어라.

3부

포기하지 않는 실행력

3부에서는 1부와 2부를 통해 축적된 성공의 핵심 비결들을 자신의 삶 속에 스며들게 하고, 여기서 한 발 나아가 매일 건강한 몸과 단단한 마음을 영위하며 행복한 삶에 이르게 하기 위해 어떤 것들이 필요한지를 실전 개념으로 점검해본다.

8장 '일상 습관을 성공 습관으로 전환하는 비결'에서는 열정과 흥미를 잃지 않고 지속적인 성장과 발전을 위해 필요한 것이 무엇인지를 다룬다.

9장 '좌절하지 않는 이들의 비밀'에서는 성공에 대한 원대한 비전이 사그라지지 않게 하기 위한 정신력의 비결을 살펴본다.

10장 '심신의 강건함을 유지하는 비결'에서는 올바르게 마음과 육체를 다스려 번아웃되지 않는 '마음 성공의 노하우'에 대해 알아본다.

일상 습관을
성공 습관으로
전환하는 비결

아무리 좋은 습관도
내게 맞아야 쓸모 있다

성공한 사람이

'아침형 인간' 이라고 하면

우리는 아침에 일찍

일어나는 습관을

따라해 보려 한다.

성공한 사람이

매일 아침 조깅을 했다고 하면

우리는 아침마다

조깅을 해보려고 한다.

그러나 그 효과는

사람마다 너무나 다르다.

아무리 좋은 습관도

내 성향과 맞아야 효과적이다.

사람마다 고유의 성향과 타고난 기질은 각각 다르다.

자신의 적성이나 성향, 평소 습관과 잘 맞는 일을 할수록

능률도 커지고 만족감도 크고 일의 성과도 더 커진다.

그러나 자신의 성향이나 기질과 맞지 않는 일을 해야 할 때,
자신의 기질과는 맞지 않는 습관을 들여야만 할 때,
능률도 줄어들고 스스로도 불만족스러워 일을 잘하게 되기가 어렵다.

뭔가 부자연스럽거나 맞지 않는 옷을 입고 있는 느낌,
능력이 발휘되기 보다는 취약성이 극대화되는 느낌을 갖고 있다면
자신이 어떤 사람인지에 대해 되돌아볼 필요가 있다.

성공이란 엄밀히 이야기하면 자신의 타고난 성향에 부합하는 일을
찾았느냐에 달렸다.
즉 어떤 분야에서 성공한 사람들은 자신의 유전자의 특성과
잘 맞아떨어지는 일을 찾아낸 사람들이라고도 볼 수 있다.

타고난 유전자와 환경적 조건이 적합하게 맞아 떨어져야
자신의 열정을 일깨우고 능력을 펼치는 일이 더 수월해진다.
그러나 타고난 유전자와 환경 조건이 서로 적합하지 않을 때는
아무리 열정을 끌어올리려 해도, 아무리 훈련하려 해도 한계에 봉착한다.

성향과 맞지 않는 조건에서 자신을 억지로 끼워 맞추려 애쓰는 것만큼
헛된 일도 없다.
모두가 '노력'을 중시하겠지만, 노력도 조건이 맞아야 효과가 발휘된다.

때문에 자신의 노력이 최적의 효과를 나타낼 자리를 고르는 일은
무엇보다 중요하다.

지금 당신의 노력은
제자리를 찾았는가?

어떻게 하면 내 노력이 헛되지 않을,
내가 가장 잘할 수 있는 분야를 찾아낼 것인가?
성격에 관한 다양한 심리학 이론들을 토대로
자신이 어떤 사람인지 점검해보라.

각자의 성격이나 성향, 행동양식, 일상적인 습관들에도
타고난 유전적 요소가 들어있다.

가령 당신은 정리정돈을 잘하는 것이 마음 편한가?
예측할 수 없는 상황에서 걱정이 많고 잘 불안해하는가?
대인관계에서 친화력이 높고 배려를 잘 하는가?
이런 것들도 모두 유전적 요소들이다.

걱정이 많은 사람들은 뇌 속 편도체가 위험 자극에 과민한 경향이 있고, 친
화력이 높은 사람들은 뇌에서 분비되는 옥시토신 양이 많은 경향이 있다.

모험을 좋아하고 지루한 것을 싫어하는 사람들은 뇌의 행동 활성화 경향이 높은 편이다.

이처럼 같은 상황에서 생각하고 느끼는 방식, 스트레스를 받아들이고 대처하는 방식, 대인관계에서 취하는 행동양식, 방 정리부터 생활계획에 이르기까지, 우리의 많은 언행과 사고의 양식들은 유전적 요인과 밀접한 관련이 있는 것이다.

이에 따른 습관과 경향성과 선호도에 따라 남들보다 더 수월하게 할 수 있는 일을 찾아라. 타고난 것을 억지로 바꾸려 하거나 자신과 맞지 않는 일에 끼워 맞추려 하지 말아라.

남이 좋다고 하는 것 말고, 자신에게 좋은 것을 찾아라. 당신은 언제 자연스럽고 자유롭고 능률이 오름을 느끼는가? 그것을 찾아야 한다.
"그 어느 누구도 나와 같을 수 없다. 때로는 나 자신조차도 그렇다."

- 탈룰라 뱅크헤드

성격 5요인 = 빅 파이브(Big 5) 모형이란?

성격이론의 한 종류로, 인간의 행동범주를 생물학적 및 유전적 특성에 따라 다섯 가지 유형으로 분류하고 있다.

1949년 피스크가 카텔의 16요인 모형을 바탕으로 제시하고 이후 다양한 연구를 거쳐 1981년 골드버그가 다섯 가지 요인을 빅 파이브라 칭하였다.

자신은 어떤 성향에 가까운지 점검해보자.

1) 개방성

경험한 것을 있는 그대로 받아들이는 것으로, 낯선 것이 대해 인내하고 탐색하는 것, 호기심, 다양한 영역에 대한 흥미와 관심, 창의성, 독창성, 비관습성 등이다. 개 방성이 적은 사람은 신중하고 일관적이며 관습적이다.

2) 성실성

규범을 준수하고 충동을 통제하며 목표지향적 행동을 하고 목표를 추구하도록 동 기를 부여하는 것으로, 체계성, 근면성, 규칙적, 정돈, 시간을 잘 지키는 것 등이 있 다. 성실성이 낮은 사람은 즉흥적이고 느긋한 성향이 있다.

3) 신경증

정서적 불안, 예민성, 걱정과 초조함, 불안정함, 성마름 등이 있다. 신경증 성향이 낮은 사람은 정서적으로 안정적이고 자신감이 있다.

4) 외향성

관심이나 초점이 외부세계로 향해 사교적, 적극적, 낙관적, 상냥함, 활동적 성향 등이 있다. 외향성이 낮은 사람은 내성적이고 고독한 것을 추구한다.

5) 우호성

다른 사람과 친밀한 관계를 맺고 지속하려 하는 대인관계 지향성으로, 친절하고 친화적이며 마음이 여림, 다정함, 관대함, 협조적 성향이 있다.

우호성이 낮은 사람은 무심하고 도전적인 성향이 있다.

좋아하는 것과
잘하는 것의 선순환구조 만들기

좋아하는 일만 하면서

살 수는 없다고들 말하지만,

성향과 불일치하는 일,

기질과 맞지 않는

일을 하면서

부적절감이 지속된다면

한 번쯤 자신의 인생의

큰 그림을 재정립할 때다.

자신의 성향과 잘 맞는 일, 선호도가 높은 일을 선택할수록

그 일을 더 수월하게, 더 잘할 가능성이 높아진다.

그 일을 더 잘할수록 자신감과 성취감이 생겨

좀 더 잘하고 싶은 동기부여가 되며,

외부의 칭찬이나 인정 같은 심리적 보상은 물론이고

돈이나 외적 성과, 성공이라는 물질적 보상도 더 생긴다.

이 과정이 끊임없이 선순환 될 때 성공할 가능성이 높아진다.

반대로 자신의 성향과 반대되는 일, 선호도가 낮은 일을 선택했을 때
그 일에 대해 남들보다 더 공을 들이고도 정작 성과는
시원찮은 일이 반복된다.
그 결과 보람이 잘 느껴지지 않을뿐더러,
외부의 인정과 보상도 잘 주어지지 않아
물질적으로도 심리적으로도 불편함과 부적절감이 지속되는
악순환이 이어질 수 있다.
당신은 어떤 삶을 살고 싶은가?

그렇다면 자신의 성향과 맞는 일인지는 어떻게 알 수 있는가?

첫째, 당신은 무엇을 할 때 시간 가는 줄 모르고 집중하는가?
예술가나 운동선수가 자신의 수행에 완전히 몰입했을 때,
그들은 무아지경의 희열감을 느끼면서 최고의 결과를 도출해낸다.
꼭 예술가나 운동선수가 아니더라도, 무언가에 완전히 집중하여
시간 가는 줄 모르고 빠져들어 높은 성과를 내는 분야가 사람마다 다르다.

그 순간만큼은 그것 말고 다른 것은 모두 희미해질 정도로
푹 빠져 하게 되는 것.

성공한 사람들은 자신이 어떨 때 이런 상태가 되는지 발견하고,
여기에서 출발해 자기만의 선순환구조를 구축한 사람들이다.

둘째, 당신은 어떤 상태일 때 살아있음을 느끼는가?
남들이 당신에게 요구하거나 기대한 것을 할 때 말고,
당신 스스로 그 일을 했을 때,
혹은 그 상태에 놓여있을 때 가장 자연스럽고,
살아있는 것 같고, 생기 있는 것 같고,
가장 자신다운 본연의 모습이 되살아나는 것 같은 일은 무엇이었는가?

살아오면서 그런 순간을 경험한 적이 있는가?
그것은 언제였는가?
그 순간 당신의 표정은 어땠던 것 같은가?

가장 몰입하고
가장 생기 있었던 순간은
언제였는가?

셋째, 남들보다 수월하게 느껴지는 것은 무엇인가?
성공한 사람들은 '좋아하는 것' 에 대해 발상의 전환을 하라고 말한다.
좋아하는 것을 찾는 일은 오류와 혼동이 있을 수 있다.

'좋아하는 것' 과, '좋아한다고 생각하는 것' 의 차이도 있을 수 있다.
대신, 똑같은 일을 했을 때 다른 사람들보다 수월하게 느껴지고,
남들은 끙끙거리는데 자신은 큰 어려움이 없게 느껴지거나
심지어 즐기고 있는 일이 있었는가?

'좋아하는 일' 을 찾고자 하면 혼동이 있을 수 있으나,
'수월한 일' 을 찾고자 하면 훨씬 더 명확해진다.
그 일이 자신의 유전자에 부합하는 일일 가능성이 높다.

넷째, 똑같이 노력했을 때 더 보상받은 일은 무엇인가?
같은 일을 같은 강도로 했는데도 남들보다 나에게만 더 보상이
주어졌던 일이 있는가?
혹은 나 스스로 남들보다 내적 보상,
이를테면 재미와 동기를 더 느낀 일은 무엇인가?
무엇이 당신에게 보상이 되는지를 잘 아는 것도 중요하다.

사회의 잣대와 타인의 평가에서 잠시 빠져나와, 시선을 자신의 내면
에게로 돌려보라. 무엇이 당신을 끌어당기는가? 무엇을 할 때 가장 당
신다운가? 그 일을 찾느냐가 성공의 관건이다.
"행복이 빠진 성공은 최악의 실패다."

- 루이스 빈스톡

지는 게임을 고집할 필요는 없다

노력이 성공으로 이어지던
시대는 지났다.
노력해도 성공하지 못하는
경우도 많으며,
심지어 겉보기엔
노력을 덜한 것처럼 보이는데
더 성공하는 케이스도
적지 않다.
노력과 성공은
정비례하지 않는다.
여기에는 다양한
변수가 따른다.

열심히 노력한 사람은 대개는 어느 정도까지는 성공할 가능성이 있다.
그런데 그게 성공한 사람들을 살펴보면,
모두가 앞 다투어 노력하고 잘하는 분야에 뛰어들어 성공한 경우보다는,
모두가 뛰어들지는 않는, 그런데 자신의 취약점은 잘 드러나지 않고
장점과 강점은 수월하게 드러나는 분야에 뛰어들어 적정량의 노력을

투자하고도 두드러지게 성공한 경우가 압도적으로 많다.

적게 투자했는데 많은 성과를 올린 것처럼 보이기에
그들이 노력을 덜한 것처럼 보이지만,
알고 보면 그는 자신에게 맞는 게임을 선택한 지혜가 있었다.

이를테면, 레드오션에 뛰어들어 많이 노력하고도 적게 성공했느냐,
아니면 블루오션에서 최적의 노력으로 큰 성공을
거두었느냐의 차이일 수 있다.

지금의 시대는 최고가 되기를 요구하지 않는다.
최고가 될 만한 실력자는 너무나도 많고,
엄청난 노력을 기울이는 사람도 많다.

지금의 시대는 최고가 아닌 독보적인 존재가 되기를 요구한다.
'더 잘하는가?' 가 아니라
'더 독특한가? 남들과 다른가?' 가 성공을 결정한다.

모두가 잘하는 게임에서 가장 잘할 것을 요구하는 시대가 아니라,
나에게 더 유리한 게임을 만들어 거기서 두각을 나타낼 것을
요구하는 시대이다.

그래서 최고가 되기보다는 독특함, 남다름이 필요하다.

최고가 되기보다
남다른 존재가 되어라

첫째, 자신의 강점과 취약점을 명확히 파악하라.

자신이 무엇을 할 때 자연스럽고 수월하게 하게 되는지,
반대로 무엇을 할 때 부자연스럽고 어려움을 느끼는지,
자신의 성향과 타고난 기질적 특징, 습관과 성향, 행동경향성을
알아야 한다.
자신이 어떤 사람인지 알지 못한 채 노력만으로 성공하기는 어렵다.

둘째, 자신의 취약성이 최소화되는 환경을 찾아라.

남들보다 취약한 부분, 불리한 부분, 부족한 부분은 최소화되고
남들보다 유리한 부분, 강한 부분, 잘하는 부분은 극대화할 수 있는,
희소하지만 자신에게 유리한 분야와 환경을 찾고 거기 집중하라.

셋째, 게임을 자신에게 유리하게 만들어라.

자신이 수월하게 하게 되는 분야에서 필요한 기술을 연마하라.
모든 것을 골고루 다 잘하려 하기보다, 남들이 다 하지 않는
특출하고도 드문 한두 가지 기술을 특화시켜라.

선택과 집중을 하여 연마할수록 당신은 그 경쟁에서 유리해진다.

남의 게임을 쫓아가는 게 아니라

내게 유리한 게임으로 만드는 것이다.

모두의 경쟁에서 당신은 우수한 사람이 아닐 수도 있다. 그러나 경쟁력이 부족하다는 이유로 쉽게 좌절하는 것은 자기 자신을 잘 모르는 것일 수 있다. 당신에게 유리한 게임을 찾아라. 그리고 가치 있는 곳에 노력과 에너지를 사용하라.

"사랑하라. 그리고 좋아하는 일을 하라."

- 성 아우구스티누스

적절한 도전이 당신을 성장 시킨다

처음에 시작했을 때는
재미와 보람이 있었으나
그 일이 익숙해질수록
지루해지지는 않았는가?
보람이나 성취감 없이
하루하루 시간을
때우는 것처럼 느끼는가?
그렇다면 현재 당신에게
적절한 도전이
주어지지 않고 있다는 뜻이다.

인간의 두뇌는 적절한 도전 상태에 있을 때 최고의 효과를 낸다.
주어진 과제가 너무 쉽기만 하면 지루해서 흥미를 잃어버리고,
반대로 과제가 너무 어렵고 압박감이 커도 동기를 상실해 버린다.

이 원리를 설명한 것이 심리학자 로버트 여키스와 존 도슨이 밝힌
'여키스-도슨 법칙(Yerkes-Dodson Law)'이다.
이는 어느 정도까지는 자극이 높아질수록 수행능력이 향상하지만

중압감 같은 자극이 너무 높아지면 오히려 수행능력이
떨어진다는 것이다.
이때 최고의 성과를 내는 상태를
'최적 각성 수준(optimum level of arousal)' 이라 한다.

예를 들어 시험을 앞두고 각성 수준이 너무 낮으면
졸리거나 집중을 못해 시험을 못 보고,
반대로 시험에 대한 부담이 너무 커서 각성이 너무 높아지면
긴장해서 시험을 못 본다.

일이 너무 쉽고 뻔하면 지겨움을 느껴 의욕도 사라지고, 반대로
너무 감당할 수 없을 만큼 어려우면 부담 때문에 역시
의욕이 사라지는 것이다.

연구에 의하면 자신의 능력에서 약 4퍼센트 정도 살짝 어려운 일을 할 때
최적의 각성 수준에 이르게 되고, 그 일에 완전히 몰입하여
최고 효율을 올리는 상태가 된다고 한다.

적당히 긴장 되면서도 의욕, 흥미, 도전의식이 느껴지는 상태.
우리에겐 자기에게 적당한 수준의 저마다의 '최적 각성 수준' 이 필요하다.
현재 자신의 일상이 최적 각성 수준에 놓여 있는지, 아니면

각성이 너무 낮거나 높지 않은지 살펴볼 필요가 있다.

일상이 권태로운가?
도전이 필요하다는 신호다.

만약 매사에 지리멸렬하고 재미가 없고 보람이나 성취욕이 없다면
현재의 삶에서 당신에게 주어지는 자극 수준이
너무 낮은 것은 아닌지 돌아봐야 한다.
자극 수준을 높여 동기를 부여할 새로운 습관을 만들 필요가 있다.
새로운 도전과 배움, 해보지 않았던 신선한 경험이 필요하다.

만약 매일 해야 할 일들이 너무 버겁고 번아웃이 자주 온다면
현재의 삶에서 당신에게 주어지는 자극 수준이 너무 높은 것은 아닌지
살펴야 한다.
이때는 적당한 휴식과 멈춤이 필요하다.

성공한 삶이란, 스스로 감당 가능하고 의욕을 불러일으킬 정도의
난이도를 가진 과업들을 꾸준히 수행하는 삶을 말한다.
그런 수행이 습관이 되어 각성의 정도가 유지되는 삶을 말한다.

성공한 사람이라고 해서 열정과 의욕이 언제나 저절로

샘솟는 것은 아니다.

자기 분야에서 성공한 사람은 적당한 도전이 끊이지 않도록

자신의 일상을 관리했기 때문에 성공한 것이다.

이들이 가장 경계하는 것은 일을 열심히 하지 않는 것이 아니라,

열심히 하게 만드는 동기와 흥미가 사라지는 것이다.

앞으로 나아가게 만드는 동력이 사라지지 않게 하려면

딱 4퍼센트 정도 목마르고, 욕망하는 상태가 유지되어야 한다.

너무 쉬워서 안주하는 상태와, 너무 어려워서 도망가고 싶은 상태의

중간 정도의 지점.

이 지점에 당신이 위치하도록 하라.

그리고 그러려면 지금 무엇이 필요한지 탐색하라.

열정과 의욕의 불씨가 꺼지지 않게 하기 위해서는 불씨를 관찰하고 관리해야 한다. 그저 내버려두기만 하면 불씨는 당신도 모르는 사이에 꺼져 있을 수 있다. 장작을 지피고, 새로운 장작을 제공하고, 유심히 들여다보아야 한다.

"미래의 목표만을 위한 삶은 유치한 삶이다. 삶을 지탱 시키는 것은 산의 정상이 아닌 산기슭이다."

— 로버트 M. 피어식

매너리즘의 징후를 놓치지 마라

당신은 좋은 습관을
가지고 있는가?
하늘이 두 쪽 나도
이것만은 꼭 해야 하는,
몸에 밴 자동화된 습관이
있어야 한다.
더 중요한 것은
그 습관이 단순 반복이
되지 않게 하는 것이다.
아무리 좋은 습관도
매너리즘에 빠지면
발전을 방해한다.

습관이란 어떤 행동을 거의 자동적으로, 의식하지 않고도 하는 것이다.
어떤 기술이나 지식, 전문성이 숙달되기 위해서는
그것을 위한 행동이 습관이 될 정도가 되어야 한다.
그래야 습관이 숙련으로 이어진다.
성공하는 삶은 그 사람의 습관에서 알 수 있다고 해도 과언이 아니다.

아침에 일어나면 명상을 하는 습관,

하루 중 몇 시가 되면 반드시 운동을 하는 습관,

책상을 정리하는 습관, 일주일 중 특정 시간에는

반드시 책을 읽는 습관…

이와 같은 습관은 성공의 토대를 이루는 근간이 될 수 있다.

그런데 어떤 행동이나 연습이 장기간 자동화되어

습관으로 자리 잡았다면,

그 습관이 매너리즘에 빠지지 않았는지도 지속적으로 점검해야 한다.

예를 들어 운동하는 습관을 들이는 것도 중요하지만, 만약 그 운동이

신체의 특정 부위만을 단련시키고 다른 부위는 자극하지

않은 채 습관적으로 반복만 계속 하는 것이라면

이는 매너리즘에 빠진 것이나 다름없다.

유산소운동만 하고 근력운동은 하지 않은 채

매일 반복만 하는 것이 그 예다.

열심히 하기는 하는데, 단련되지 못한 근육은 계속해서

단련되지 못하는 것이다.

매일 운동을 하고 있다고 자부했겠지만, 건강상의 허점이 발견될 것이다.

그래서 성공에 도움 되는 좋은 습관을 들이는 데 있어서

중요한 건 변화와 도전, 자극이 중단되지 않도록 해야 한다는 점이다.

반복만이 능사는 아니다.
새로움은 늘 필요하다.

인간은 특정 기술을 완전히 습득하고 나면, 시간이 지남에 따라
수행 능력이 증가하는 것이 아니라 오히려 감소하는 경향이 있다.
어떤 습관이 몸에 배어 자동화 되는 순간 인간은 거기에 안주하려 한다.

때문에 좋은 습관을 가지고 있다고 해서 자만해서는 안 된다.
아무리 좋은 습관이 몸에 배었다 하더라도, 습관을 반복만 하는 것은
나아지고 있다는 의미가 결코 아니다.

무턱대고 반복만 한다고 해서 발전하고 있는 것은 아니다.
자동화된 습관에 안주하는 것은 더 많은 잠재력을
끌어올릴 가능성을 가로막기도 한다.

성공한 사람들은 자동화에 가까울 정도의 좋은 습관과,
자동화되지 않아 의도적으로 노력을 기울여야 하는 새로운 연습이
항상 동반되어야 한다고 말한다.

점검하고 숙고하여 다른 자극이나 정보를 통해 기존의 습관을 조정해야 한다. 그래야 장기적으로 발전할 수 있다.

 좋은 습관을 가지고 있다고 해서 안주하지 마라. 아무리 좋은 습관이라도 자동화된 습관에 대해서는 되돌아보고 점검하라. 우리의 뇌는 익숙해지는 순간 익숙함에 편승하려 하고 '이 정도면 됐어.'라고 합리화하는 경향이 있다.

"우리의 주의를 끄는 것은 새로움 속의 익숙함, 약간의 새로운 변화가 있는 익숙함이다."

- 윌리엄 제임스

9장

좌절하지 않는 이들의 비밀

전략적 휴지기를 터닝포인트로 만든다

고통스러운가?

'이건 아니다' 라고 느끼는가?

불안정하거나

잘못된 것 같은가?

어딘가가 막혀 있는가?

자신답지 못하다고

느껴지는가?

있어야 할 곳이

아니라고 느끼나?

그렇다면 당신은

변화가 필요한 것이다.

고통스럽고 답답하다고 느낄 때,

삶이 마치 고인 물처럼 정체되어 있다고 느낄 때,

그리하여 언젠가는 변화가 필요하다고 느낄 때,

방법은 세 가지 중 하나다.

첫째, 지금 이 상황을 송두리째 바꾼다.

둘째, 지금 이 상황을 받아들인다.

셋째, 지금 이 상황에서 벗어나 지금과는 다른 환경으로 떠난다.

당신은 무엇을 할 수 있는가?

무엇을 하고 싶은가?

변화를 원하지만 이 상황을 바꿀 수도 없는가?

그렇다고 선뜻 받아들이지도 못하겠는가?

다른 곳으로 떠나기도 망설여지는가?

그렇다면 당신의 고통은 계속될 것이다.

모든 변화라는 것은 두려움을 수반한다.

그 결과가 만족스러우리라는, 위험하지 않으리라는

약속과 보장을 그 누구도 해주지 않기 때문이다.

그래서 선뜻 변화를 시도하기보다는 변화하지 않은 채 머물러 있다.

그렇다고 해서 불만이 사라지는 것도 아니면서 말이다.

멈추는 것도 전략이자
용기 있는 선택이다

그럴 때 이렇게 자문해보라.

첫째, 변화를 감행했을 때 얼마나 위험한가?

그리고 그 위험에 대비할 방도가 있는가?

가령 예를 들어 현재의 직장을 그만두었을 때

당장의 생계를 유지할 대안적 방안이 있는가?

구체적으로 어떤 것인가? 새로운 대안이나 차선책을 찾을 수 있는가?

둘째, 현재 상황과 변화의 최종 목표 지점 사이에서
휴지기를 마련할 수 있는가?

그 휴지기에 좀 더 긍정적이고 현실적인 시나리오를 쓸 수 있는가?

모험을 감행하는 대신 가능성을 실현시키고

실질적으로 도움 되는 체험을 할 수 있는가?

위와 같이 구체적으로 질문해보고 탐색해봤을 때,

위험을 감수하는 대신 얻을 수 있는 것이 있다면,

당신은 기꺼이 당신 인생의 고통을 멈추고,

다음 스텝을 위한 휴지기를 마련하고,

그 휴지기를 놀라운 터닝포인트로 만들 수 있다.

단, 현실적인 시각을 잃지 말아야 한다.

위험에 대한 구체적인 대책과 대안들을 마련하고
그 대책들을 실제로 실행할 수 있어야 한다.

삶이 어딘가 잘못된 것 같다면, 당신의 감각을 따라가라.
변화가 필요하다면, 변화에 따른 득과 실을
지극히 현실적으로 저울질해 보라.
변화에 따른 위험요소 역시 구체적으로 따져보고 대안들을 떠올려 보라.
변화를 위한 휴지기, 준비기간이 새로운 것을 경험케 하고
삶에 대한 관점을 확장시켜줄 것이라 여겨진다면
모험을 감행하지 않을 이유가 없다.

멈춰야 다른 길을 찾을 수 있다. 바꿔야 새로운 원하는 삶을 향해 갈
수 있다. 고통을 그만둬야 행복에 더 가까워질 수 있다.
"그만두는 것은 포기가 아니라 다음으로 넘어간다는 뜻이다."

- 피코 아이어

열정의 불씨가 꺼지지 않게 한다

하늘의 별 보기를
좋아했던 아이가
천문학자가 되었을 때,
물체의 원리에
관심 많던 아이가
발명가가 되었을 때,
그들은 더 행복하고
더 성공할 것이다.
그러나 관심과 열정은
저절로 찾아오지 않는다.
발굴하라. 그리고 키워라.

대개 자신의 성격과 적성, 흥미와 일치하는 일을 하는 사람들은
직업 만족도와 삶에 대한 만족도가 높은 편이다.

성격, 적성, 흥미와 일치하지 않는 일을 할 경우
일에 대한 만족도와 수행능력이 떨어지고 성공할 가능성도 한계가 있다.
말재주가 좋고 외향적인 사람이 온종일 혼자 조용히 연구해야

하는 일을 하면 그다지 행복하지도 않을 것이고,
연구 성과도 더딜 것이다.

대개 한 분야에서 크게 성공한 사람들을 보면
어려서부터 너무나도 흥미로워하고 관심 있어 하던 분야를
깊게 파고들고, 비전이 없거나 비현실적이라는 주변의 만류에도
불구하고 끝끝내 포기하지 않음으로써
성공하게 된 케이스를 많이 볼 수 있다.
모두가 '노우' 라고 할 때 나는 '예스' 라고 해서 성공했다는 스토리들을
이제 우리는 익숙하게 알고 있을 것이다.

개인의 흥미와 열정은 인간이 얼마나 다양성을 가진 존재인지를
반증해준다.
왜 어떤 사람은 수학문제를 푸는 것이 짜릿할 정도로 기쁜데
다른 사람들은 지겨운가?
왜 어떤 사람은 몸 쓰는 일이 즐거운데
다른 사람은 머리 쓰는 일이 즐거운가?
인간은 각각 다르고 독특한 존재들이다.
흥미와 열정도 마찬가지이다.

다만, 자신이 무엇에 흥미를 느끼는지, 뭘 할 때 열정이 샘솟는지를

일찍 발견하지 못하는 경우도 생각보다 많다.

아무리 뜨거운 열정도
방치하면 식어버린다.

흥미와 열정이 어떤 방식으로 찾아오는지는 사람마다 너무나도 다르다.
어떤 사람은 어려서부터 자신의 흥미와 적성을 알아차리지만
어떤 사람은 중년이 되어서야 뒤늦게 발견하기도 한다.

또 어떤 사람은 계시를 받은 듯이 자신의 분야를 발견하기도 하지만
어떤 사람은 처음엔 큰 재미를 느끼지 못했다가
그 분야에 대해 점점 배우고 알아가면서 서서히 열정이 달궈지기도 한다.
반대로 처음에 잠깐은 관심이 생겼다가, 실체를 알고 나서 흥미를
잃기도 한다.

공통점은, 열정을 그냥 둔다고 해서 저절로 성장과 성공을
불러오진 않는다는 점이다.
불을 소중히 여겼던 옛날 사람들이 불씨를 꺼뜨리지 않기 위해 애쓰고
항상 불씨를 관리하며 신성시했던 것처럼,
열정의 불씨도 계속 지펴지게 하기 위해서는 관리하고 키워야 한다.

첫째, 그 분야에 대해 깊이 알아보고 공부해보고 관여해봐야 한다.

제대로 알아야 제대로 보이고, 아는 만큼 보이게 마련이다.

둘째, 선택한 분야의 수행을 꾸준히 지속해봐야 한다.

어떤 분야이든 처음의 재미가 계속 이어지지는 않는다.

생각보다 어려울 때, 뭔가 방해물이 생길 때, 그때가 진정한 시작이다.

셋째, 경험이 중요하다.

머릿속으로 추측하고 겉으로 드러난 정보만 탐색하는 것은 무의미하다.

그 분야의 실제 현장에서 몸으로 부딪쳐 경험해보고

상호작용 해봐야 한다.

열정은 한 번 피어올랐다 금세 꺼지는 불이 아니다. 열정은 그 불을 당신이 계속해서 관찰하고 지필 수 있느냐의 영역이다. 불을 지필 수 있는 방법을 찾고 부딪치고 끈기를 가져라.

"자기 자신에게서 평화를 찾지 못하면 그 어느 곳에서도 평화를 찾지 못할 것이다."

- 폴라 A. 벤드리

열정의 대상을 발견하고 분별하기 위한 10가지 질문

1. 당신은 무엇에 관심이 많은가?

2. 당신은 무엇을 할 때 시간 가는 줄 모르는가?

3. 관심 있는 분야 중에서 해본 것과 해보지 않은 것은 무엇인가?

4. 당신은 무엇을 할 때 가장 지겹고 견디기 힘들고 시간이 안 가는가?

5. 그 분야의 일이 직업이 되어도 괜찮을 것 같은 것은 무엇이고,

   직업으로 가졌다간 하루도 못 견딜 것 같은 일은 무엇인가?

6. 당신이 1년 이상 꾸준히 흥미를 갖고 연습하거나 지속해본 것은 무엇인가?

7. 남들에게 자신 있게 설명하고 알려줄 수 있는 것은 무엇인가?

8. 아무도 시키지 않았는데 자발적으로 그것에 대한 정보를 검색하고

   지식을 습득하고 있는 것은 무엇인가?

9. 같은 흥미를 가진 사람들의 경험이나 의견을 충분히 알아보았는가?

10. 그 분야의 전문가가 된 자신의 모습을 떠올렸을 때 어떤 느낌인가?

최고의 몰입상태를 연습한다

선택받은 자가 계시를 받듯
운명처럼 와주는 것이
진짜 성공일까?
최고의 성과는 그렇게 오지 않는다.
성공은 끈기와 인내,
수만 시간의 연습과 반복,
의식적인 노력을 통한
최고 몰입의 경험,
그리고 이 모든 것들이
긴 세월 축적된
결과물이라 할 수 있다.

미국의 심리학자 미하이 칙센트미하이는 인간의 행복과 창조성 연구를
통해 창의적인 분야에서 성공한 사람들은 '전문지식, 창의적 사고, 몰입'
이 3가지의 요건을 갖추고 있다고 하였다.

특히 그의 '몰입(flow)' 이론에 따르면, 창조의 원천이 되는 몰입은
완전히 집중해 몸이 저절로 움직이는 듯한 느낌에 빠지는 것이며

고난도의 과제를 수행하고 있음에도 물 흐르듯이 실행되는 듯이 느껴
시공간을 완전히 잊고 행복감의 한복판에 있게 되는 것을 뜻한다.

연주에 심취한 예술가나 최고의 기록을 낸 운동선수에게서
이러한 몰입의 상태를 관찰할 수 있지만, 꼭 특정 분야의
소수의 사람들만 몰입을 경험할 수 있는 것은 아니다.

몰입은 어떤 분야의 누구라도 경험할 수 있는 것이며,
몰입을 경험한 사람은 굉장히 큰 만족감과 성취감을 느껴
새로운 동기부여를 받게 된다.

> 몰입은 저절로 나를
> 찾아오는 것이 아니라
> 내가 찾아가는 것이다.

그러나 이 몰입 상태는 가만히 있는다고 저절로 찾아오는 것은 아니다.
몰입 상태를 경험하기 위해서는 몰입을 위한 의식적이고 의도적인 연습
이 필요하다.

**첫째, 자신이 현재 가지고 있는 기술이나 능력을 발전시키겠다는 의도를
가져라.**

그 의도와 의지가 외부에서 오는 것이 아니라 자신의 내부에서 우러나와
야 한다.

**둘째, 모든 기술은 처음에는 빠른 속도로 느는 듯이 보이지만,
이 시기를 지나고 나면 곧바로 정체기가 찾아온다는 것을 염두에 두어라.**
처음만큼 뚜렷하게 발전하지 않는 것 같고 속도가 느린 것 같더라도
느리게 가고 있을 뿐 멈춘 것은 아니다. 중요한 건 연습을 계속하는 것이다.

셋째, 1만 시간은 부족하다.
전문가들이 최고의 기량을 갖출 때까지는 평균적으로 10년, 1만 시간이
필요하다고 하지만 이는 1만 시간만 들이면 모든 게 완성된다는 뜻은
아니다. 1만 시간은 최소한의 필요 시간일 뿐이요, 상징적인 시간일 뿐이다.

넷째, 자신이 가장 취약한 부분에 초점을 맞춰라.
잘하는 부분보다 못하는 부분, 자주 실수하는 부분, 약점에 더 중점을
두어 해당 부분을 집중적으로 연마하고 반복하고 도전하라.
전부를 적당히 잘하려는 목표 말고, 취약한 부분을 집중적으로
개선하려는세부적이고 구체적이고 단기적인 목표를 세워
거기에만 집중하라.

다섯째, 자기비난의 생각에 빠지는 것을 멈춰라.

발전이 느리다고 여겨지거나, 실수와 시행착오를 반복했을 때
자책하고, 불안해하고, 의심하고, 남과 비교하는 생각에 빠지는 것은
발전과 몰입에 아무 도움이 되지 않는다.
걸음마를 걷기 시작한 아기가 수만 번 시도하고도
창피해하지 않는 것처럼 '그냥' 하라.

구체적이고 단기간에 달성 가능한 세부 목표, 그 목표에 대한 반복과 집중, 취약한 부분에 대한 알아차림과 점검, 발전시키겠다는 의도를 담은 연습이 오랜 시간 꾸준히 이어질 때 마침내 인간의 최고의 행복 상태인 몰입을 경험할 수 있다.
"삶은 습관으로 구성된 조직물이다."

- 헨리 프레데리크 아미엘

성공의 최종 목적지를 꿈꾼다

성공에 대한 열망은
최종 목적지가 뚜렷해야
그 열기가 식지 않는다.
다시 처음으로 돌아가
자기 자신에게 되물어라.
왜 성공하려고 하는가?
무엇을 위해서인가?
당신의 성공은
어떤 의미와 가치를
가질 것인가?

성공을 향해 나아가는 과정 중에서 거듭된 실패에도 좌절하지
않기 위해서는 단지 재미나 흥미, 관심사, 적성이 맞는지 여부만으로는
부족하다.

꾸준한 연습과 극기심, 투지를 이어나가기 위해서는
성공의 의도와 목적의식에 대해 자기 자신이 뚜렷한 가치를
부여할 수 있어야 한다.

즉 왜 견뎌야 하고 왜 계속해야 하는지에 대해
'최종 목적'에 대한 신념과 의도가 남달라야 그 일을 계속할 수 있다.
앞서 언급한 '가치'와도 연결되는 개념이다.

이 의도와 목적에 인류애와 이타성이 포함되어 있는 사람들일수록
크게 성공한다.
물론 오직 자기 자신의 안위나 욕심만을 위해 성공하고자 한 사람들도
노력과 극기를 통해 어느 정도의 물질적, 표면적 성공을
거둘 수 있는 것처럼 보인다.

그러나 더 거대한 명분과 목적의식이 있을 때,
그리고 그 목적의식에 타인의 행복과 복지가 포함되어 있을 때
성공의 수준이 달라지고 의미가 깊어진다.

인간은 혼자 살아남도록
만들어지지 않았다.

왜냐하면 인간은 기본적으로 사회적 동물이면서,
생존 이상의 추상적 '의미'를 추구하도록 만들어진 존재이기 때문이다.
그로 인해 인간은 자신의 목적이 타인에게도 도움이 된다고 여겨질 때,
더 많은 이들로부터 인정을 받을 수 있는 일이라고 여겨질 때,

성공으로 인해 이 세상이 더 나아질 수 있다고 확신할 때,

더 많은 이들과 우호적인 관계를 맺을 수 있을 거라고 느낄 때,

그리고 자신이 속한 사회를 더 이롭게 할 수 있는 목표라고 여겨질 때,

자신이 추구하는 것에 더 큰 의미를 부여하게 되고

그로 인해 동기부여와 동력이 생겨, 심지어 고난과 희생도

감수하게 된다.

크게 성공한 사람일수록 큰 목적의식을 가지고 있다.

자기가 왜 성공해야 하는지, 최종 목적지의 풍경이 어떤 모습인지

구체적으로 그림을 그릴 수 있는 사람이 끝까지 남아 성공한다.

그가 그린 큰 그림에는 반드시 '다른 사람들'이 있다.

이기적인 사람의 성공은 깊이가 얕아 사람들의 지지를 받지 못하지만,

이타적인 사람의 성공은 깊이가 깊고 장기적이며 많은 사람들의

지지를 받는다.

당신이 원하는 성공의 목적에 대해 다음과 같이 질문해 보라.

첫째, 당신이 성공하고자 하는 일이 당신이 속한 사회에

기여할 수 있는 일인가?

둘째, 당신의 성공이 이 세상을 더 살기 좋은 곳,

더 나은 곳으로 만들어줄 것이라고 확신하는가?

셋째, 당신의 노력과 헌신으로 인해 누군가는 도움을 받을 수 있는가?

넷째, 당신의 성공은 당신에게만 중요한가, 다른 사람들에게도 중요한가?

다섯째, 목표 삼은 성공의 과정에서 다른 사람들이나 사회에

해를 끼치거나 타인의 불필요한 희생을 야기하지 않는 일인가?

여섯째, 당신에게 자극을 준 성공의 롤모델은 어떤 성공을 거두었는가?

그의 성공은 인류와 세상을 더 나은 곳으로 변화시키는 데 기여했는가?

크게 성공한 사람들의 공통점 중 하나는 이타적이고 타인중심적인 것에서 성공의 이유와 동기와 의미를 찾았다는 것이다. 가장 위대한 성공은 사람들을 이롭게 하는 성공이다.

"우리는 정의로운 행동을 함으로써 정의로워지고, 온화한 행동을 함으로써 온화해지고, 용기 있는 행동을 함으로써 용기 있어진다."

- 아리스토텔레스

낙관적 희망을 현실로 만든다

낙관적인 언어에는
역경에 대한 긍정적 해석과
실패를 통한 배움의 태도가
들어 있다.
비관적인 언어에는
역경에 대한 자기패배적 태도와
실패를 전부로 확대하는 태도가
들어 있다.
당신은 어떤 언어를
사용하고 싶은가?

주로 다음과 같은 언어를 자주 사용하는 사람들이 있다.

'나는 실패했어. 나는 실패자야.'

'망쳤어. 망했어.'

'나는 왜 이럴까?'

'그런 일은 재능 있는 사람만 할 수 있어.'

이런 언어들에는 다음과 같은 공통점이 있다.

첫째, 부분의 실패를 전부의 실패로 확대하여 말한다.

오늘 실수한 것이 삶 전체를 실패한 것이 되어버리고,

한 가지 일에서 실패한 것이 모든 일에서 '망한' 것이 되어버린다.

그리고 이 언어가 진실인 것처럼 인식되어 버린다.

둘째, 실패의 원인을 전반적이고 영구적인 데서 찾는다.

아직 능숙하지 않아서 실수한 것이

마치 '나라서' 실패한 것처럼 되어버린다.

상황이 여의치 않아서 잘 안 된 것이

마치 '원래 이럴 일이라' 잘못된 게 되어버린다.

자신의 한 부분이 부족해서 벌어진 일인데 마치 자신의 전부가

실패 자체가 되어버린다.

셋째, 재능이나 운명이 고정불변하다고 믿는다.

현재의 실패의 원인이 원래부터 정해져 있었다고 믿는 것이다.

좌절 상황을 위와 같이 해석하고 말하면,

더 이상 할 수 있는 게 없는 것처럼 느껴진다.

원인이 전반적이고 영구적이기 때문에 해결 방법이 없는 것처럼

느껴져 무력해진다.

이런 언어를 자주 사용하는 사람들은 쉽게 불안과 우울에 휩싸인다.

그 결과 의지와 동기를 잃어버려 상황을 타개하거나
앞으로 나아가기 어려워진다.

낙관적인 태도란
현실적이고 구체적인
인지 습관을 말한다.

반대로, 다음과 같은 언어를 자주 사용하는 사람들이 있다.
'이번 일에서는 시간 관리 부분이 좀 부족했어.'
'이번에는 이 부분이 안 되었는데 다음에는 어떻게 보완하면 좋을까?'
'이건 이렇게 하면 안 된다는 걸 배웠군.'
'실패한 건 실패한 거고 어쨌든 다시 해봐야지.'
이런 언어들에는 다음과 같은 공통점이 있다.

첫째, 부분의 실패는 부분의 실패로 받아들인다.
실패한 이유에 대해 구체적으로 파악하려 하고,
현상을 사실 그대로 받아들인다.

둘째, 실수나 실패의 원인을 전반적이고 영구적인 데서가 아니라
일시적인 데서 찾는다.
어떤 상황과 맥락으로 인해 실패가 초래되었는지를 매우 구체적으로 탐색하고, '실패=나' 가 아니라 '실패=실패' 로 받아들인다.

셋째, 자기비난보다 해결방안 찾기와 재발 방지책에 집중한다.

문제의 원인을 특수하고 구체적인 상황 때문이라고 여기기 때문에,

노력과 연구를 통해 해결책을 찾을 수 있다고 여기고,

실제로 찾아 나선다.

실패나 좌절에 대해 위와 같은 태도를 취하면,

앞으로 할 수 있는 일이 많아진다.

노력을 통해 다음에는 개선할 수 있을 것이라는 현실적인 기대가 생긴다.

단순이 막연한 느낌 때문이 아니라,

방법을 찾으려고 하기 때문에 실제로 생기는 것이다.

그래서 이런 언어와 태도를 자주 가질수록 심리적으로도 적응을 잘한다.

때문에 우리는 언어를 연습하고,

그 언어를 나오게 하는 태도를 연습해야 한다.

성공하는 사람들의 낙관적 태도란,

부정적인 부분을 간과하는 것이 아니라

실제적이고 구체적이며 해결중심적인 방식으로

인지를 변화시키는 것을 말한다.

실패와 좌절의 상황에서 자기 자신에게 낙관적이고 긍정적인 셀프토크를 연습하라. 현상을 있는 그대로 관찰하고, 교훈과 개선책을 파악하고, 구체적인 해결방법을 찾아라.

"할 수 있다고 생각하면 할 수 있을 것이고, 할 수 없다고 생각하면 할 수 없을 것이다."

- 헨리 포드

Success Tip

성공을 이끌어내는 언어습관 만들기

비관적 태도와 인지를 초래하는 말

- 결과 중심의 표현 (예: '망쳤다. 실패했다.')

- 재능을 강조하는 표현 (예: '이런 건 아무나 할 일이 아니었지.')

- 과거지향적 표현 (예: '왜 그랬을까. 괜히 했네.')

- 전반적 원인 비난의 표현 (예: '내가 못나서 그래. 나 때문이야.')

낙관적 태도와 인지를 키우는 말

- 과정 중심의 표현 (예: '열심히 했다. 아쉽지만 보람 있었다.')

- 노력을 강조하는 표현 (예: '그래도 할 만큼은 했다. 최선을 다했다.')

- 미래지향적 표현 (예: '어떻게 하면 더 개선할 수 있을까.
  다음에는 어떻게 다르게 해볼까.')

- 구체적 해결 초점적 표현 (예: '이 부분이 아직 숙달되지 못해서 그래. 이 부분을
  연습하려면 뭐가 필요할까?')

10장

심신의
강건함을
유지하는 비결

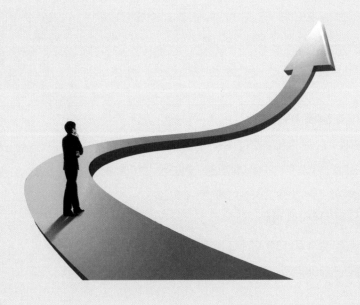

아침에 일어난 후
당신의 모습이 미래를 결정한다

일어나자마자 하는 명상은

감정을 절제하고

정신의 어질러짐을 해결하며

침착한 이성의 힘을

강력하게 발휘하게 하여

깨어있는 정신으로

하루를 맞이하게 해준다.

아침의 명상만큼

강력한 효과를 발휘하는 것도 없다.

성공한 사람들이 공통적으로 하는 질문이 있다.

아침에 일어나자마자 당신은 무엇을 하는가?

하루의 시작에 당신은 어떤 모습인가?

눈 뜨고 나서 30분 이내에 하는 매일의 규칙적인 루틴이 따로 있는가?

하루 일과를 본격적으로 시작하기 전에 단 10분이라도

자신의 시간을 마련하는가?

시간에 쫓기는 것이 아니라 시간을 자신의 통제 하에 이끌어 가는가?

이 질문들에 어떤 대답을 하느냐에 따라
당신의 5년 후, 10년 후가 달라질 것이다.

누구나 눈 뜰 때 잠자리에서 일어나기 귀찮고,
더 자고 싶은 것은 마찬가지다.
그러나 성공한 사람들의 상당수는
아침에 일어난 후의 모습이 남들과 다르다.

잠과 피로와 시간에 쫓겨 하루를 시작하는 대신,
잠과 피로를 스스로 밀어내고 짧은 시간이라도
자신의 것으로 만드는 것이다.
이를 위해 가장 좋은 방법은 아침에 일어나자마자 마음을 가다듬거나
명상 수련을 하는 시간을 갖는 것이다.

시간에 쫓길 것인가
시간이 나를 쫓아오도록
만들 것인가

명상이라고 해서 거창한 것이 아니다.

긴 시간은 필요하지 않다.
단 5분에서 10분 이내의 짧은 명상으로도 충분하다.

명상은 지금 이 순간을 직시하게 해준다.
부정적 생각과 감정에 사로잡히는 대신 그것들을 지그시 관조하여
나 자신을 바라볼 수 있게 된다.

명상의 놀라운 효과는 이미 뚜렷하게 입증되어 왔다.

첫째, 명상은 인지기능과 잠재력을 향상시키고
부정적 감정과 스트레스를 감소시키는 데 실질적인 효과가 있다.
둘째, 분노나 후회에 대한 생각을 멈추게 하고 거기에 휘말리는 대신,
상황에서 한 발 물러나 전체를 조망할 수 있는 관점의 확대를 제공한다.
셋째, 사소한 일에 짜증내거나 예민하게 반응하는 빈도를 줄이고
패배자가 아닌 승리자의 눈으로 상황을 분석할 수 있게 한다.

하루를 시작하는 작은 습관이 하루 전체를 바꾸고 나아가 인생 전체
를 바꾼다.
"작은 행동을 실천하는 것이 큰 행동을 계획하는 것보다 낫다."

- 피터 마셜

하루 한 번 자신과 세상을 위해 호흡하고 명상한다

명상을 통해

삶의 전쟁터 한복판에서

잠시 빠져나와

높은 전망대에서

상황 전체를 내려다보라.

그저 가만히

자기 자신을 바라보며

지금 여기에 존재하라.

명상을 시작할 때는 초보자일수록 다음과 같은 요령을 숙지하면 도움이 된다.

첫째, 너무 긴 시간이 필요한 것은 아니다.

10분 정도 마음을 한 곳으로 모으는 것으로 충분하다.

한 번 할 때 소요되는 시간은 줄이되, 횟수를 하루에 여러 번으로 늘리는 게 오히려 바람직하다.

둘째, 명상은 집중하는 것이 아니라 바라보는 것이다.

집중하려 하지 말고 머릿속에 드는 생각들을 그저 바라보라.

생각을 바라보고 자신의 마음 한가운데를 그저 고요히 관찰하라.

셋째, 명상을 한다고 해서 곧바로 잡생각이 사라지지 않는다.

만약 자리에 앉아 10분 동안 명상을 한다면 그중 8~9분은 온갖

잡생각이 떠오른다.

마음속에 생각의 흙탕물이나, 걱정이나 화나는 일이 떠다닌다.

마음의 평화는 마지막 1~2분에 겨우 찾아올지 모른다.

바로 이 1~2분이 명상의 핵심이다.

집중하려 애쓰지 말고
그저 가만히 바라보기

넷째, 자신의 최대 집중력보다는 짧게 하라.

만약 명상을 시작하고 나서 10분이 되기 전에 지루함이 느껴진다면

굳이 시간을 다 채우려 하기보다는 7분으로 시간을 줄이는 것이 낫다.

명상은 강박적으로 집중하려 애쓰기 위함이 아니다

다섯째, 함께 할 수 있는 동료가 있으면 도움이 된다.

운동이나 명상을 함께 수행하는 동료가 있으면 서로 생각과 경험을

나눌 수 있다.

머릿속으로 어떤 생각들이 오고 갔는지,

명상을 하고 나서 어떤 변화를 경험하는지에 대해,

혹은 수련하면서 어떤 어려움이 있는지에 대해 대화를 나누는 것은

서로를 독려하고 격려할 수 있는 좋은 방법이다.

여섯째, 하루 한 번은 온 마음을 다해 심호흡을 하라.

깊은 복식호흡을 하는 것도 명상의 한 방법이자,

명상의 중요한 부분이다.

들숨에 몸속을 가득 채우고, 날숨에 몸속의 부정적 에너지를

말끔히 내보낸다.

깊은 호흡을 하는 동안, 비록 짧은 시간이더라도 우리의 몸과 마음은

휴식을 취할 수 있고, 배려를 받을 수 있다.

수고한 자신의 몸과 정신을 너그럽게 대하는 마음으로 호흡하라.

일곱째, 당신에게 소중한 주변 사람들을 생각하라.

명상을 하며 그들의 안전과 행복을 빌어주는 마음을 갖는 것이다.

당신 안에 친절과 사랑, 배려의 마음이 충만해지는 것을 느껴라.

명상이란 당신의 몸과 정신이 자신과 타인, 이 세상에 대한 자비와 친절, 배려, 사랑으로 가득 차게 하는 것이다.

"독서와 대화를 통해 인간과 세상에 대한 많은 아이디어를 얻을 수 있지만, 판단력을 얻는 것은 명상을 통해서이다."

- 아이작 와츠

창의력을 높이는 시간을 확보한다

우리 대부분은

시간이 너무 없다.

일도 해야 하고

수많은 것에 신경도

써야 하기 때문이다.

게다가 휴대폰도 봐야 하고

게임도 하느라 바쁘다.

시간에 허덕이느라

 지치고 소진된 삶.

과부하 된 삶은

창의력을 방해하고

성공을 저해한다.

크게 성공한 사람들을 보면

마치 남들보다 시간이 몇 배 더 많았던 것처럼 보인다.

과연 그랬을까?

모든 인간에게 24시간의 시간이 주어지는데

왜 누군가는 자신만의 창의력을 발휘해 성공하고
누군가는 시간에 쫓겨 허덕이며 사는가?

중요한 건 시간을 스스로 확보하는 것이다.
지금과 다른 삶을 원한다면, 그리고 성공을 꿈꾼다면,
실컷 아이디어를 떠올리고, 메모하고, 글을 쓰고,
그것에 대해 대화하고, 고민하고, 탐색하고, 자료를 쌓고,
지금보다 더 큰 성공과 번영의 밑그림을 그려보고,
때로는 머릿속을 완전히 비운 채 빈둥거리고,
자기 자신을 돌아보며 남들과 다른 창의력을 발현할 시간이
절대적으로 필요하다.

그러므로 시간을 확보하라.
그럴 시간이 없다고 말하는 것은
자신을 위한 온전한 시간을 확보하는 시도를 해보지 않았다는 뜻이다.

새로운 시도에는
계산과 대가가 따른다.
그러나 해볼 만하다.

미국의 소설가 커트 보니것은 일주일에 한 번,

수요일 오전 세 시간 동안을 자기만의 창의적인 놀이 시간으로 정했다.

성공한 CEO들 중에는 일주일에 하루는 텔레비전과 노트북,

휴대폰을 완전히 차단하는 자기만의 시간을 설정하고 실천하는

경우가 많다.

또 어떤 이들은 매일 아침 딱 30분의 시간을 확보해

명상하기와 일기 쓰기에 활용하기도 한다.

성공으로 이끄는 창의적인 아이디어는 이렇게 전략적으로 마련한

특별한 시간이 있어야만 싹틀 수 있다.

전원을 끄는 시간,

외부 세계로부터 눈을 돌려 자신에게 집중하는 시간,

자기 자신을 위한 무언가를 하거나,

혹은 그 무엇도 하지 않고 머리를 비우는 시간,

질주하는 것이 아니라 멈추는 시간,

열을 올리는 시간이 아니라 열을 식히는 시간,

컨디션을 관찰하고 조절하고 회복하는 시간,

이런 시간을 짧게라도 확보하고 있느냐의 여부가

장기적인 관점에서 성공을 좌우한다고 해도 과언이 아니다.

바쁘다는 것은 핑계다.

긴 시간이 필요한 것은 아니다.

중요한 것은 이 시간을 마련하고 실천하는 것이다.

의도적으로 확보한 '일정 없는' 시간 속에서 성공의 답이 나온다.

멈춰야 앞으로 나아갈 수 있다. 열을 식혀야 다시 뜨거워질 수 있다. 머릿속을 백지로 비워야 그곳을 다시 채워나갈 수 있다. 그런 시간을 마련하라.

"등잔이 계속 타오르게 하려면 기름을 계속 넣어줘야 한다."

- 테레사 수녀

내면을 다스린다

뭔가에 자꾸 화가 나거나,

불안하거나, 초조하거나,

마음이 편치 않거나,

스트레스가 많이 느껴진다면,

결코 간과하거나 회피하지 마라.

그것이

당신에게 무엇을 말하는지

귀를 기울여라.

당신의 인생에

변화가 필요하다는

아주 중요한 메시지일 수 있다.

성공한 사람들은 공통적으로 자신의 내면을 잘 다스린 사람들이다.

내면을 잘 다스린다는 것은 자신의 마음의 소리에 귀를 기울이는 것이다.

별 것 아닌 일에 화가 날 때, 스트레스가 심할 때, 걱정되거나 불안할 때,

이는 당신의 삶이 뭔가 제대로 작동하고 있지 않음을 뜻한다.

뭔가를 해결하거나, 점검하거나, 바꿔야 한다는 뜻일 수 있다.

현재의 삶에 당신이 제대로 몰입하고 있지 못하다는 의미이자,
당신의 능력과 잠재력이 충분히 발휘되지 못하고 있다는 뜻일 수도 있다.
뭔가를 멈추고 돌아보고 해결해야 한다는 의미이다.
뭔가를 중단하거나 새로운 것을 시작해야 한다는 의미이다.

성공한 사람들은 이러한 자신의 내면의 목소리에 귀를 기울인
사람들이다.
성공하지 못한 사람들은 이 목소리를 외면한 사람들이다.

각 분야에서 어느 수준 이상의 경지에 오르거나 큰 성공을 거둔 사람들이
일상생활에서 자신을 돌아보고 수양하는 시간을 갖는 이유는
마음을 수양하고 다스려야 이 메시지들을 잘 포착할 수 있기 때문이다

욕심만을 채우려다 운이 좋아 성공한 사람들의 성공은 오래 가지 못한다.
그러나 내면이 단단하고 자신을 다스릴 줄 아는 사람이 거둔 성공은
두고두고 회자되거나 세상으로부터 존경을 받는다.
성공이 단지 물질적인 성공만을 의미하지 않음을 기억하라.

물질적인 성공은
성공의 아주 작은
일부분일 뿐이다.

진정한 성공이란 순수한 에너지와 열정이 충만한 삶을 살고,
하루하루 육체와 정신의 건강함을 잃지 않으며,
주변사람들과의 관계에서 긍정적인 에너지를 주고받고,
심리적인 안정감과 행복감을 놓치지 않는 것이다.

이런 것들을 무시한 채 물질적인 성공만 달성한 사람들은
자신의 내면을 전혀 돌아보지 않은 채 눈을 가리고 달린 것 뿐이다.

성공하려면 지금 이 순간의 행복은 포기해야 한다고 생각하는
경우가 많다.
성공한 사람들은 그저 전력질주만 했을 것이라고 말이다.
그러나 행복과 성공은 양립할 수 있다.

성공의 결과만이 행복을 가져다주는 것은 아니다.
자신의 마음을 돌보고 성찰하고 점검하면서 매 순간을 완전히 쓴다.
실현 가능성 있는 작은 일들에 끊임없이 도전하고,
새로운 계획을 세우고, 계획을 끊임없이 융통성 있게 수정한다.

미래에 대한 걱정 대신 지금 이 순간 할 수 있는 것을 한다.
에너지를 남김없이 사용하되, 자기 자신에게
채찍질만을 가하는 것이 아니라

스스로를 최고의 존재로 정중히 대우하고 관대하게 용서한다.

스트레스가 느껴질 때는 그것을 알아차리고 관리한다.

이 순간들 자체에서 당신은 행복을 알아차릴 수 있다.

목표를 달성해서가 아니라 달성해가는 과정도 행복이다.

그것을 알아차리는 사람이 장거리를 달릴 수 있다.

 당신의 내면의 감정이 안내하는 이야기들을 무시하지 말아라. 당신의 마음이 무엇을 해결하길 원하는지, 어떤 것을 필요로 하고 있는지 알아차리고 제공하라.

"우리가 '바쁘다'는 말을 입에 달고 사는 이유는, 우리가 지금 하고 있는 일의 대부분이 그다지 중요하지 않다는 사실을 가리기 위한 과장된 피로는 아닐까?"

- 팀 크라이더

자신을 함부로 소모 시키지 않는다

현대인은 시간에 쫓기고,
어제 일을 후회하고,
내일을 걱정하며,
시간에 쫓겨 산다.
일주일이 어떻게 갔는지
모르겠다면,
자꾸 지치고 산만해진다면,
당신이 과도하게 소모되고
있다는 뜻이다.

성공을 위해 열심히 노력하는 것이 중요하다고 생각하겠지만
채워짐 없는 연속적인 노동은 당신을 마모시킨다.
기계도 기름칠이 필요하듯, 인간도 소모만 되는 데 한계가 있다.
매 순간 살아있는 삶을 살고 있는가,
아니면 매 순간 자기 자신을 번아웃 시키는 삶을 살고 있는가?

번아웃과 소모됨을 방지하기 위해서는 중간 중간 멈춤이 필요하다.
멈추고, 기름칠 하고, 충전하고, 채우는 시간이 반드시 필요하다.

첫째, 가끔씩 완전히 혼자가 되어라.

그리고 매일 아침 짧게라도 명상을 하라.

명상은 마음의 눈을 맑아지게 하고, 동요된 마음을 진정시키며,

내면의 목소리를 만날 수 있게 해준다.

해야 할 일들과 전자기기로부터 잠시 거리를 두고

차분하고 고요한 자신만의 시간을 가져라.

이때 후회나 걱정에서 주의를 돌려 오로지 현재를 바라보라.

지금 당신이 있는 곳, 순간의 공기와 소리와 자신을 자각하라.

억지로 집중하려 하거나 차분해지려 애쓰는 것이 아니라,

산만하고 혼란스러운 생각들이 떠다니고 있는

자신의 마음을 그저 가만히 관찰하라.

당신은 대체 가능한

소모품이 아니다.

당신은 창조적인 존재다.

일상의 회오리에서 잠시 벗어나, 발걸음을 멈춰라.

주파수를 맞추지 못한 라디오의 소음 같던 마음은

현재에 주파수가 맞춰짐에 따라 지직거리던 잡음이 사라지고

오롯이 하나의 목소리로 모아질 것이다.

흙탕물처럼 지저분한 마음은 시간이 지남에 따라 진정될 것이다.
고요 속에서 당신의 마음의 눈이 떠지게 될 것이다.

시야가 넓어지고, 큰 그림이 보일 것이다.
시행착오에 일희일비하는 시야가 확장되어
거시적인 관점에서 삶 전체를 바라볼 수 있는 힘이 생긴다.

둘째, 몸을 단련시키고, 다리를 움직여라.
다리를 움직여 걸음을 내딛는 시간을 갖는 것은
운동 효과뿐만 아니라 우리의 정신에 휴식과 성찰을 준다.

걸으면서 하는 생각들은 몸의 운동일 뿐만 아니라 정신의 수련과 같다.
성공한 사람들과 위인들이 산책 습관을 창조성의 원천으로 본 것은
이 같은 이유에서였다.

책상에서 생각하기보다 차라리 나가서 걸으면서 생각하라.
이는 전략적인 멈춤이자 나아감이 될 것이다.

현 시점에서 성공이 아직 요원하다 하더라도 매일 자신을 돌아보고 마음과 몸을 충전시키는 루틴은 반드시 필요하다. 생각은 멈추고 몸은 움직여라. 마음과 몸을 채움으로써 정신을 다스릴 수 있다.

"생각을 명확하게 하려면 방해받지 않고 집중하고 상상력을 충족시킬 수 있는 고독의 시간을 가져야 한다."

- 에디슨

성공이란 육체, 정신, 관계의 건강이다

'바쁘다.', '피곤하다.'
지금의 한국인들이
가장 많이 하는 말들이다.
바쁘게 일하며
피곤을 달고 살면
우리의 인생은
성공하게 될까?
자신의 삶에 열정을
다한다는 것은
꽉 찬 스케줄로
강행군해야 한다는 뜻일까?

성공한 삶을 위해서는 오늘의 모든 것을 희생하고 질주해야 할까?
많은 돈과 높은 학벌, 사회적 지위를 획득하기 위해서 오늘의 행복은
포기해야 할까? 그렇게 획득한 돈과 지위는 성공의 지표일까?

쉼 없이 일하며 앞만 보고 달리는 것을 성공의 필수요소라고
생각할 수도 있다.

그래서 현대인들은 24시간 바빠야 하고, 바쁜 것이 미덕인 것처럼 여긴다.
바쁘지 않으면 뭔가 잘못된 삶을 살고 있는 것처럼 죄책감을 느낀다.
마치 정신없이 질주하는 삶에 중독이라도 된 것처럼 말이다.

그러나 진정한 의미의 성공이란 바쁨에 중독되어
앞만 보고 달리는 것이 아니라 자신의 가치관을 실현시키고 원하는
것에 열정을 쏟으며 사는 삶을 의미한다.
이러한 진정한 의미의 성공을 위해서는 주변을 둘러보고,
현재의 자기 자신을 돌아보아야 한다.

자신의 몸과 마음은 어떤 상태인지, 그리고 가까운 사람들과의 관계는
어떤지 돌아보고, 돌보아야 한다.
이 세 가지를 돌보는 것을 놓친 삶은, 아무리 부와 명예를 획득했더라도
성공한 삶이라고 하기 어렵다.
가장 중요한 행복을 놓친 삶이 되어버리기 때문이다.

마음을 살피고
건강을 유지하고
사람을 소중히 하기

첫째, 단순하면서도 반드시 지키는 운동 루틴을 만든다.

예를 들어 '매일 15분은 반드시 걷기'와 같은, 스스로 실천할 수 있는
운동 규칙을 만들고 절대 예외를 두지 않고 그 규칙을 스스로 지켜라.
단 10분이라도 간단한 운동을 통해 몸을 작동시키는 것만으로도
흐트러진 육체의 리듬을 바로잡을 수 있다.

성공한 사람들은 몸의 건강을 관리하는 것을 놓치지 않는다.
운동은 단지 몸의 외형을 가꾸기 위함이 아니다.
운동을 통해 육체를 단련하고 관리하는 것은 당신이 가진
힘과 잠재력을 더 많이 끌어내 쓸 수 있게 해준다.
최상의 몸이 최고의 성공의 밑바탕이 된다.

둘째, 명상과 일기 쓰기 등 자신의 마음을 돌아보는 매일의 루틴을 만든다.

성공한 삶을 추구하려면 내면을 통찰하고 다스리는 능력과
내면의 목소리에서 중요한 메시지를 발견하는 연습이 필요하다.
그래야 당신의 진정한 성공을 방해하는 요소들을 제거하고
그동안 발견하지 못한 새로운 기회들을 수집할 수 있다.

성공을 추구하는 일은 어쩌면 자기 수양의 과정이다.
감정에 휘둘리는 것이 아니라 감정이 보내는 메시지를 듣기 위해서는
부단한 수양이 필요하고, 이를 위해서는 실천 가능한 단순한 규칙이

필요하다.

셋째, 행복과 성공은 사람들과의 좋은 관계에서 출발한다.

성공에 대한 오늘날의 패러다임은 크게 변화하고 있다.
물질적인 풍족함이 더 큰 성공과 행복을 보장해주는 것은
아니라는 것은 이미 많은 연구를 통해 밝혀지고 있다.
질 좋은 삶을 살기 위해서는 사람들과 우호적이고 친밀한 관계를
오랫동안 꾸준히 유지하는 것이 매우 중요하다.

평화의 하나님께서 친히, 여러분을 완전히 거룩하게 해주시고, 우리
주 예수 그리스도께서 오실 때에 여러분의 영과 혼과 몸을 흠이 없이
완전하게 지켜 주시기를 바랍니다.

- 데살로니가 전서 5:23

가슴 뛰는 삶을 살아갈 당신을 응원하며

최근 행복한 삶의 요인에 대해 연구한 미국 하버드 대학 로버트 월딩어
교수의 연구가 해외에서는 물론 국내에서도 화제가 되었다.

이 연구는 현재까지 무려 85년째 여러 세대를 거쳐 이어져온
프로젝트로서 그 시작은 1938년이었다.
1938년 하버드 의대 성인발달 연구팀에서,
최고 명문대인 하버드 학부생 268명,
그리고 보스턴의 빈민가 청년 456명, 총 724명의 삶을 추적 관찰하는
연구를 한 것이다.
명문대 재학 중인 우수한 집단과 빈민가 출신의 대조적인
두 집단의 삶에 대해 재산, 신체 건강, 정치 성향, 종교,
가족과 친구관계 등을 심층 연구하고,
세월이 지나 이들의 자녀들 1,300여 명의 삶에 대해서도
추적 관찰하고 있는 지금까지도 진행 중인 그야말로 방대한 연구이다.

이 연구결과를 집대성해 〈굿 라이프(The Good Life)〉를 발간한
월딩어 교수는 지난 2002년부터 역대 네 번째로 이 연구팀을
이끌고 있는 책임자로서,
그의 2015년 테드(TED) 강연은 조회수 4,400만을 넘기며
역대 인기 강의 10위 안에 든 명강의로 자리매김했다.

이 연구에서 연구팀이 발견한 인간의 행복에 관한 주요 내용은
다음과 같았다.

첫째, 행복한 삶의 요건은 부, 명예, 학벌이 아닌 '인간관계'에 있었다.

둘째, 경제적 안정이 필요한 것은 사실이지만, 기본적인 의식주와
의료서비스가 있을 경우, 어느 정도 수준 이상부터는 더 이상
돈과 행복이 비례하지는 않았다.
즉 경제력이 행복의 근본 원인이 되지는 않았다.

셋째, 학벌과 행복은 관련이 없었다.
다만 교육수준이 높을 경우 교육수준이 낮은 사람들에 비해
건강에 관한 정보를 더 많이 갖고 있음으로 인해 수명에
긍정적인 영향을 끼쳤다고 하였다.

넷째, 의지할 만한 따뜻한 인간관계가 유지되는 사람의 경우,
더 행복하고 건강하며 삶의 만족도가 높았다.
이들은 신체적으로도 만성질환에 덜 걸리고 면역력과 뇌기능이
더 높은 것으로 나타났다.

다섯째, 원치 않는 고립된 삶을 사는 사람들은 중년기에
스트레스 호르몬과 염증 수치가 더 높아 신체 건강이 악화되고,
뇌기능도 떨어지는 경향이 있었다.
고립과 외로움은 실제로 흡연과 음주만큼이나
건강에 해로운 것으로 나타났다.

여섯째, 중년기에 인간관계에서 만족도가 높은 사람들은
노년기에도 건강하고 행복한 삶을 살았다.

일곱째, 친구의 숫자가 많아야 되는 것이 아니라,
마음으로 의지할 수 있는 관계가 있는지가 더 중요했다.
즉 관계의 양적인 측면이 아닌 질적인 측면이 중요했다.

이러한 연구결과는 무엇을 의미할까?

높은 학벌, 남과의 경쟁에서 이기는 것, 재산과 부동산, 연봉, 외모,

인기와 화려한 겉치레…오로지 이런 것들을 행복과 성공의 요건으로
여기고 살고 있는 한국인들에게 이 연구는 이런 질문을 던지는 것 같다.
당신은 행복합니까? 당신이 생각하는 성공한 삶은 무엇입니까?

어떻게 해야 훌륭한 리더가 될 수 있는지,
어떻게 해야 큰 부자가 될 수 있는지,
어떻게 해야 뛰어난 경영인이 될 수 있는지,
어떻게 해야 이 세상에 큰 영향력을 발휘하는 존재가
될 수 있는지에 대해 당신은 이미 많은 정보를 알고 있는지도 모른다.
지금의 우리는 너무나도 많은 정보의 홍수 속에 살고 있기 때문이다.

그러나 이 책에서는 이 모든 것을 아우르는 성공의 궁극적인 의미에 대
해, 그리고 진정 가치 있는 삶을 살기 위해 어떤 포인트를 간과하면
안 되는지에 대해 핵심을 짚어보고자 하였다.

그리하여 진정한 성공을 위해서는 남을 좇아가고 따라하는 것이 아니라
오로지 자신만의 고유한 가치와 잠재력을 살리는 것,
개인의 욕심만을 위해서가 아닌
세상을 이롭게 할 수 있는 성공에 더 큰 가치를 두는 것,
수동적인 삶이 아니라 능동적이고 열정이 살아있는 하루하루를 사는 것,
그저 앞만 보고 달리는 것이 아니라

자기 자신과 주변 사람들을 친절히 돌아보는 것,
이런 것들을 놓쳐서는 안 된다는 점을 이야기하고자 한다.

매일 생생히 살아있는 마음으로
가슴 뛰는 삶을 살고자 하는 모든 이들에게 이 책을 바친다.

걷다 느끼다 쓰다

이해사 지음
320쪽 | 15,000원

내 글도 책이 될까요?

이해사 지음
320쪽 | 15,000원
(2021 우수출판콘텐츠 선정)

누구나 쉽게 작가가
될 수 있다

신성권 지음
284쪽 | 15,000원

베스트셀러 절대로
읽지마라

김욱 지음
288쪽 | 13,500원

성장을 주도하는
10가지 리더십

안희만 지음
272쪽 | 15,000원

감사, 감사의 습관이
기적을 만든다

정상교 지음
246쪽 | 13,000원

직장 생활이 달라졌어요

정정우 지음
256쪽 | 15,000원

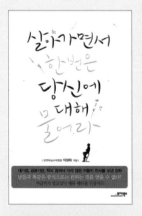

살아가면서 한번은
당신에 대해 물어라

이철휘 지음
256쪽 | 14,000원

금융에 속지마

김명수 지음
280쪽 | 17,000원

숫자에 속지마

황인환 지음
352쪽 | 15,000원
(2017년 세종도서 교양부문 선정)

행복한 노후 매뉴얼

정재완 지음
500쪽 | 30,000원
(2022 세종도서 교양부문 선정)

1등이 아니라 1호가 되라(양장)

이내화 지음
272쪽 | 15,000원

삶을 업그레이드 하는 더 나은 삶 ──────── 모아북스 건강관리 도서

해독요법

박정이 지음
304쪽 | 30,000원

몸에 좋다는 영양제

송봉준 지음
320쪽 | 20,000원

자기 주도 건강관리법

송춘회 지음
280쪽 | 16,000원

공복과 절식

양우원 지음
274쪽 | 14,000원

당신이 생각한 마음까지도 담아 내겠습니다!!

책은 특별한 사람만이 쓰고 만들어 내는 것이 아닙니다.
원하는 책은 기획에서 원고 작성, 편집은 물론,
표지 디자인까지 전문가의 손길을 거쳐
완벽하게 만들어 드립니다.
마음 가득 책 한 권 만드는 일이 꿈이었다면
그 꿈에 과감히 도전하십시오!

업무에 필요한 성공적인 비즈니스뿐만 아니라 성공적인 사업을 하기 위한
자기계발, 동기부여, 자서전적인 책까지도 함께 기획하여 만들어 드립니다.
함께 길을 만들어 성공적인 삶을 한 걸음 앞당기십시오!

도서출판 모아북스에서는 책 만드는 일에 대한 고민을 해결해 드립니다!

모아북스에서 책을 만들면 아주 좋은 점이란?

1. 전국 서점과 인터넷 서점을 동시에 직거래하기 때문에 책이 출간되자마자 온라인, 오프라인 상에 책이 동시에 배포되며 수십 년 노하우를 지닌 전문적인 영업마케팅 담당자에 의해 판매부수가 늘고 책이 판매되는 만큼의 저자에게 인세를 지급해 드립니다.

2. 책을 만드는 전문 출판사로 한 권의 책을 만들어도 부끄럽지 않게 최선을 다하며 전국 서점에 베스트셀러, 스테디셀러로 꾸준히 자리하는 책이 많은 출판사로 널리 알려져 있으며, 분야별 전문적인 시스템을 갖추고 있기 때문에 원하는 시간에 원하는 책을 한 치의 오차 없이 만들어 드립니다.

기업홍보용 도서, 개인회고록, 자서전, 정치에세이, 경제 · 경영 · 인문 · 건강도서

모아북스
MOABOOKS

성공 그리고 성공자

초판 1쇄 인쇄 2023년 08월 30일
1쇄 발행 2023년 09월 05일

지은이 장성철
발행인 이용길
발행처 MOABOOKS 모아북스

총괄 정윤상
편집장 김이수
관리 양성인
디자인 이룸

출판등록번호 제 10-1857호
등록일자 1999. 11. 15
등록된 곳 경기도 고양시 일산동구 호수로(백석동) 358-25 동문타워 2차 519호
대표 전화 0505-627-9784
팩스 031-902-5236
홈페이지 www·moabooks·com
이메일 moabooks@hanmail·net
ISBN 979-11-5849-215-1 03320